# 성공을 위한 인간학

후나이식 경영법

# 머 리 말

비즈니스사의 반죠오(番場) 사장은 가장 존경하는 친구 중 한분이다. 그는 항상 세상만사의 움직임을 매우 정확하게 파악하고 있다. 그는 2년 전 부터 나를 만날때 마다 다음과 같이 말했다.

'후나이(船井) 선생, 선생이 최근에 와서 계속적으로 성공을 이룩하고 있는 것은 후나이식의 사고방식, 발상법이 올바른 의미에 있어서의 인간성, 사회성과 일치하고 있기 때문입니다. 어쨌던 이제부터는 올바르게 인간을 이해하고 인간이나 사회를 존중하지 않으면 안되는 시대지요. 1980년대는 틀림없이 '인간 존중의 시대'라고 할 것입니다. 그것은 다양화(多樣化)된 가치관 중에서도 누구나가 납득할 수 있는 마크로적인 이념이나, 철학·사상이 필요한 시대라고 할 것입니다. 이것이 후나이식 사고방식이 사회적으로 받아들여지고 있는 이유라고 나는 생각합니다.

그런데 선생의 많은 독자들이 이와같은 시대적 흐름을 받아들어 싱실하게 후나이식 사고방식과 발상법을 알고 싶어 합니다. 또 어떻게 그러한 사고법이나 발상법을 갖게 되었는지도 알려고 합니다. 이것은 선생의 팬들 요망이기도 합니다. 하루라도 빨리 이것을 정리하여 책으로 발간하기 바랍니다.'

이 의견을 감사하게 생각한다. 그러나 나 스스로는 계속 성과를 거둬들이거나 성공하고 있다고 생각하기 어려운 것이다. 생각해 보면 실패도 몇번 있었다. 달리 표현하면 노력을 통해 이들 실패를 성공으로 바꿨다고 할 수 있을지도 모르겠다.

어쨌든 마음이 내키지도 않았고, 나의 분수에도 맞지 않아 반죠오(番場) 사장의 모처럼 요망이지만 그때마다 사양해 왔었다.

이렇게 생각하던 내가 돌연 이 책을 세상에 내놓게 되었는가?

금년 3월경 부터 나는 기본적인 생각을 정리하여 발표하는 편이 좋겠다고 느끼기 시작했다. 물론 여기에는 심경이 변화된 이유가 몇가지 있다.

① 경영 환경이 악화되었거나, 나의 유명세가 다소간 높아진 탓인지는 모르나 금년 들어와서 편지가 계속 쇄도되고 방문하는 손님들이 급속도로 증가했다.

② 내가 사장으로 있는 일본 마켓팅센터의 사원이나, 내가 고문을 맡고 있는 회사들의 경영자 중에는 나의 생각을 이해하지 못하는 분들이 많다는 것을 알게 되었다.

③ 나의 사업은 그 성격상 이해(利害)관계를 만든다. 이 점을 충분히 고려하여 '보다 마크로적인 선(善)'이라는 이념에 따라 행동하고 있는데, 나의 충고나 언어 행동에 의해 이권(利權)이 손상되지 않거나, 손해를 감수할 수 밖에 없는 입장에 서는 사람도 있을 것이다.

이들로 부터 진실로 충고를 원하는 사람과 나를 못마땅히 보는 경향도 증가되었다.

이 책은 이같은 문제점을 보완하기 위해 나의 형편에 맞도록 만들어진 것이다.

다만 이것이 비즈니스사 반죠오(番場) 사장의 요망이나 이미 발간된 나의 저서에 대한 애독자들의 요망에 다소나마 부응한다면 다행이고, 불완전한 점에 대해 가책되는 바가 없지 않으나 이같은 책의 발간에 다소 즐거움을 갖게 된다.

나는 본서를 실천편(實踐篇)과 원리편(原理篇)으로 나눠 기술하였다. 나와 친분있는 분들은 후나이식 발상법을 소위 '포용성(包容性)의 인간학'이라고 말한다. 실천편은 실질적인 생활, 경영에의 응용문제를, 구체적인 실례를 중심으로 가급적 재미있게 해설했다. 그리고 원리편에서는 이같은 나의 사고방식의 기초가 된 인간관과 그 이유를 가급적 과학적으로 기술했다.

뜰에는 30여 그루의 나무가 있다. 진달래가 활짝 피고 있는데, 햇빛이 나쁜 곳에 있는 두 그루는 금년에 시들어졌고 3그루는 작년부터 꽃을 피우지 못한다. 햇빛을 잘 받지 못하는 나무들은 시들고 꽃도 못피운다. 이같은 자연의 불가사의와 위대함을 볼 때, 자연의 산물인 호머 사피엔스(지혜있는 사람)인 사람도 태양의 볕을 받아야 존재한다. 어떤 사람에 대해서나, 기업 안에서나, 어느 누구에게나 햇볕과 같은 존재가 되어야 한다고 생각한다.

후나이 유끼오

제 1 부 (실천편)

# 성공을 위한 인간학

# 서 장 인간이란 무엇인가?

## 1. 인간은 '호모 · 사피엔스(지혜 있는 인간)'

지구상의 모든 동물은 학명(學名)을 가지고 있다. 이것은 1735년 스웨덴의 박물학자(博物學者) 린네가 만든 명명법(命名法)에 의한 것인데, 그는 당시까지 알려져 있던 지구상의 모든 동식물을 분류하고 그 하나 하나에 라틴어로 성(姓)과 이름으로 학명을 붙였다. 그때 우리 인간에 대하여 인간인 그가 이름 붙인 것이 '호모 사피엔스(지혜 있는 사람)'라는 학명이다.

우리 인간에게는 지혜가 있다. 다른 동물에게도 물론 지혜가 있으나, 그 지혜의 활용 방법이 다른 것이다.

### 1) 머리는 좋으나 개는 개다

우리 집에는 숫개 한마리가 있다. 잡종이지만 우리 집에서 인기가 있다. 현재 두살 반쯤 됐는데 개로서는 비교적 머리가 영리한 편이다. 모르는 사람이 나타나면 틀림없이 짖어대고 대소변도 산책할 때 적절히 해결한다. 그리고 우리 집 가족들의 버릇이나 호감 정도도 잘 아는데, 예를 들어 산책을 할 때도 때리지 못하는 집사람이나 딸에게는 제멋대로 날뛴다. 뛰어가다가 서고 역방향으로 달려갔다 달려 오고 장난치고 재롱도 부리곤 한다. 그러나 아들과의 산책때는 저항하면 혼나니까 얌전하다. 그리고 나와 산책할 때는 철저하게 순종한다. 어렸을 때 부터 혼이 났기 때문에 내 의사에 거슬리는 행동은 스스로가 조절한다. 내가 지시하는 대로 걷고 뛰며, 언덕을 올라갈 때는 헉헉거리면서 나를 잡아당기는 것이다.

그러나 아무리 영리해도 개는 개다. 가끔 목에 달린 끈을 나무에 칭칭 감아 놓고 비명을 지른다. 약간만 지혜를 활용하면 되는 것을 못하는 것이다. 불쌍한 일이지만 이것이 개가 가진 지능의 한계점이다.

이 개를 처음 가져 왔을 때 유치원생이었던 막내딸은 이제 국민학교 3학년이 되었다. 몇년 사이에 인간으로서는 평범한 일이지만 개에 비하면 크게 성장했다. 배우기 시작한 피아노는 이제 바이엘 106번까지 치고 무용이나 영어도 상당한 수준에 이르렀다. 특히 놀랠만한 것은 작문 실력이 매우 늘었다는 것을 들 수 있다.

대학 2학년이 된 장남은 그간에 자동차 운전면허증을 갖게 되었고 인베더 격퇴법을 암기하는 것 이외에도 뭣보다 세상의 흐름에 대해 알게 된 것이 대견스럽다. 그리고 중학교 3학년이 된 차남은 연애가 뭣인지를 알게 된것 같고 나의 저서를 전부 읽을 수 있을만큼 독서력이 생겼다.

더구나 놀랄만한 사실은 70세가 넘은 모친이 다리 부상으로 외출을 못하게 되자 TV, 주간지, 월간지 등을 통해 급속도로 지식욕을 갖게 된 것이다. 현재는 세계 정세를 비롯하여 세상사에 이르기까지 모르는 것이 없게 되었다.

이러한 실정을 생각할 때 인간이란 것은 참으로 우수한 생물인 것이다. 백년 전에도 개는 개였고 인간은 인간이었다. 백년 후의 지금도 마찬가지지만, 이 백년 사이에 인간은 이 세상을, 인간 생활을 변모시켰다. 선조들이 남긴 지식이나 경험에 새로운 지혜를 보완시켜 발전시키는 것이 인간이 해야 될 특성이라고 한다면 린네의 말을 빌릴 것도 없이 인간이야 말로 '호모 사피엔스'라고 할 수 있다.

## 2) 가르치는 것은 인간의 특권이다

호모 사피엔스=지혜 있는 사람인 우리들 인간은 가르친다는 것을 알고 있다. 회사에 신입 사원이 들어오면 일반적으로 사장으로 부터 '입사를 환영합니다'라는 인사와 함께 훈시가 있다. 그리고 즉시 신입 사원 연수가 시작된다. 소위 사원으로서 사회인으로서 필요한 것을 가르치고 배우는 것이다.

그런데 현존하는 인간 이외의 동물은 부모가 자기 자식에게도 가르치는 일이 별로 없는 것 같다. 내가 흥미있게 읽은 책 중에 미국의 동물학자 죠지 셔라의 'The Year of the gorilla'가 있는데, 그는 아프리카에서 6백일간 고릴라의 생태를 정밀하게 조사하고 있다. 이 책에 의하면, 예를들어 고릴라의 새끼가 밥먹는 것을 배울때도 부모가 손을 잡고 가르치는 일이 전혀 없다는 것이다.

부모의 옆에서 보고 그것을 답습하여 먹는 법을 배울뿐이고 절대로 먹어서는 안되는 것을 아기 고릴라가 먹었을 때만, 엄마가 그것을 탈취하는 것이 교육이라면 유일한 것이라고 그는 말하고 있다.

결국, 현재에 있어서 인간 이외의 동물 새끼들은 부모의 행동을 모방할 뿐이고 인간처럼 대대로 가르치지 않으며, 다만 못하게 하는 '금지'라는 방법만으로 모방을 강요하는 것 같다.

## 3) 고민, 불안도 제각기 다르다

3년전 뉴질랜드의 목장주에게서 들은 바에 의하면, 소나 양도 도살되기 직전에는 서글픈 표정을 하고 도망치려고 발버둥친다고 한다. 그러나 그 직전까지는 평소와 다름없이 사료를 먹고 잠을 자며 뛰어다닌다고 한다. 불확실하지만 그들은 아마도 염세관때문에 스스로가 고민하거나 자살하는 경우는 없는 듯하다. 로마제국의 네로에게 저항하여 사형당하기 직전에 자살한 이태리의 철학자 세네카가 주장한 말은 아니지만, '자살이야말로 인간의 특권'이라 할 수 있다.

인간 이외의 동물, 예컨대 우리 집 개나 옆집 고양이도 그때그때를 적당히 있는대로 살아가는 듯이 보인다. 그들도 살아있는 생물이므로 죽을 수 있는 위험에 부닥치면 본능적으로나 정감적으로 대처하긴 해도 장래를 생각하거나 대책을 강구한다고는 볼 수 없다.

그렇지만, 인간들은 결코 현재만의 순간에만 사는 것이 아니다. 역사를 배우고 과거를 알며, 미래에 대한 꿈과 기대를 가지고 그것을 실천하려고 노력하면서 살아가고 있다.

인간과 다른 동물과의 차이는 뇌속에 있는 전두연합야(前頭連合野)가 사람만 이상하게 발달되고 있다는 사실이다. 1949년에 노벨상(의학 생리학)을 받은 포르투갈의 정신의학자 안토니오·모니스는 1935년에 광폭성 정신병을 치료하기 위해 이 전두연합야(前頭連合野)를 진단하는 방법을 개발했다. 그 결과 이것을 자르면 인간다운 요소인 '무엇을 생각하는 것(정보의 혼합),만드는 것(정보의 구성), 의지를 갖는 것(판단과 결단)' 등이 없어지고 정감(情感 : 즐거움·슬픔·질투·시기 등)도 없어진다는 것을 알게 되었다.

쉽게 말하면, 걱정이나 불안도 없이 하루 하루를 지낼뿐 미래에 대한 설계가 없다. 이때는 인간도 개나 고양이처럼 비슷해지는 것이다.

이렇게 생각할 때, 전두연합야가 특별히 발달되고 있는 유일한 동물인 인간은 분명히 '호모 사피엔스'인 것이다.

### 4) 얼굴은 웃고 위장은 분노한다

'부부를 위한 노년학(老年學)'이란 저술로 인기를 끌고 있는 의료평론가(醫療評論家)이며 NHK 해설위원인 미즈노(水野筆)씨로 부터 여러가지 참고적인 이야기를 들은 바가 있다.

나는 경영 컨설턴트를 시작한지 20년이 넘는데, 경영인의 얼굴만 보아도 경영 내용을 짐작할 수 있다. 회사의 경영 실적이 약화되면 경영자의 안색이 거무튀튀해진다. 얼굴에서 정기(精氣)와 기름끼가 없어진다. 그리고 이에 앞서 그들은 반드시 위통을 호소한다.

미즈노(水野)씨의 이야기에 의하면, '걱정거리가 있으면 상당한 큰 인물이 아닌 이상 위장이나 십이지장이 아프게 되고 궤양증이 나타난다. 인간의 위장은 기분이 좋을 때 아름다운 색깔이지만, 분노하고 있을때는 거무스름하다. 그러므로 위장은 제2의 얼굴과 같다'라는 것인데, 얼마후 시간이 지나면 제2의 얼굴이 제1의 얼굴로 거무스름한 색이 이동되므로 얼굴로서 경영상태를 짐작할 수 있다.

기분, 마음, 성격까지도 얼굴이나 체형(體形)에 나타나고 크게 변화된다. 인간이 인간답기 때문이고 사람이 호머 사피엔스인 때문일 것이다. 또 인상학(人相學)·골상학 (骨相學)·체형학(體形學) 등에서도 과학적 근거성이 인정되는 이유일 것이다.

## 2. 그것은 호모 · 스털티시므스(어리석은 사람)

### 1) 벌거벗은 원숭이와 도키미(時實)선생

1970년 1월의 일이다. 오사카(大阪)역 앞의 아사히야(旭屋) 서점에서 나는 책을 한권 샀다. 그 책명은《벌거벗은 원숭이＝동물학적 인간상》이고 저자는 영국의 생물학자 레즈몬드 모리스였다. 원제(原題)는 'The naked ape'인데, 이 책이 나에게 새로운 인간관을 갖게 했다. 그당시 나는 새로운 경영 컨설턴트 회사의 설립을 준비중이었으므로 새로운 가치관을 찾으려고 고민중이었다.

이 책명인《벌거벗은 원숭이》는 세계에 남아있는 193종의 원숭이 종류 중에서 다만 한 종류 뿐인 몸에 털가죽이 없는 원숭이 즉, 인간을 기술하고 있다. 그동안 인간에 관한 연구에서 흔히 무시되어 왔던 동물적 측면, 즉 인간의 동물적 본성에 근거한 행동 계기(契機)를 하나도 빠짐없이 부각시킨 책이다.

당시, 나는 일본이 낳은 세계적인 뇌생리학 권위자로 알려진 도키미(時實利彦) 선생의 사고방식에 매력을 갖고 있었다. 그의 대표적 저서인《두뇌 이야기》《뇌의 생리학》《뇌와 인간》등을 각각 10여회씩 독파하였으므로 세부적인 것까지 기억하고 있었다. 그는 매우 탁월한 분이었다. 1973년에 고인이 되었으나 그는 끝까지 인간의 존엄성, 그리고 삶의 방향, 인간의 뇌작용등을 알기 쉽게 설명했다.

예를 들면,《뇌와 인간》에 대하여 사카니시(坂西志保) 씨는 아사히(朝日)신문에 다음과 같은 서평을 발표하고 있다.

'인간의 지성·재능·성격 등은 유전이거나 선천적인 것이므로 인력으로는 어찌할 수 없는 것으로 우리들은 거의 체념하고 있었다. 그런데 대뇌(大腦) 생리학의 권위자인 도끼미(時實利彦) 선생은 미숙아(未熟兒) 상태에서 탄생되는 유아의 뇌기능은 키우는 방법, 교육 방법에 의하여 변화되는 것으로 알려지고 있다. 탄생된 직후의 어린이는 성인과 거의 비슷한 뇌세포를 지니고 있는데, 지능은 제로(0)이다. 이 뇌세포가 커지고 서로 혼성되면서 철이 들고 분별심(分別心)이 생기고 지혜로와진다.

모든 생물 중에서, 인간만이 가족에 의해 가정이라는 생활공간을 만들고 있다. 그러나 이 가정의 중대한 역활 중 하나는 미숙한 뇌를 가진 아이를 부모가 모색하고 있는 훌륭한 이상적 인간의 뇌로 완성시키는 것이다. 이 책은 훌륭한 희망적인 저서이고, 나는 훌륭한 부모 밑에서 다시한번 탄생하고 싶다는 생각을 갖게 되었다'고.

데즈먼드 모리스의 《벌거벗은 원숭이》를 읽으면서 나의 머리에서는 도끼미(時實) 이론과 모리스 이론이 쉽게 합성(合成)된 것이다.

## 2) 인간에게서 솟구치는 살생적인 욕구

모리스는 제5장 '투쟁'에서 다음과 같이 기술하고 있다.

'동물들이 같은 종류끼리는 2가지 이유 중 하나때문에 싸운다. 하나는 순위성(順位性)의 근원인 자기 우위(優位)를 확립하기 위해서이고, 다른 하나는 어느 일정한 지역에서 세력 범위를 확립하기 위함이다. 그러나 동물에는 세력범위를 정하지 않고 순위성(順位性)만 고집하는 것[예를들면 영장류(靈長類)], 또 세력 범위만 정하고 순위성이 없는 것[예를들면, 호랑이나 라이온], 이 두가지가 겹친 것[예를들면, 인간]이 있다.

따라서 인간은 두가지 이유때문에 싸우지 않을 수 없다. 투쟁은 우선 위협에서부터 시작되고, 상대편이 도피하거나 항복하지 않으면 실력행사가 나타난다. 그러나 어떤 동물에 있어서도 같은 부류끼리는 도피나 항복했을 경우, 그를 멸망시키지는 않는다. 경쟁 상대가 없어진 같은 동물은 위협적인 존재가 아니기 때문이다.'라고.

이밖에도 그는 패자와 승자의 행동이나 상대편에 대한 태도를 상세하게 기술하고 있다. 한편 도끼미(時實) 선생은《뇌와 인간》중 '인간에게서 솟구치는 살생적 욕구'에서,

'어떤 광폭한 동물도 동류끼리의 투쟁에서는 서로가 상처를 주는 경우는 있어도 결코 상대편을 죽이지는 않는다. 말하자면 동물의 투쟁은 토오너먼트와 비슷하며, 순위의 확정으로 만족하고 끝까지 자웅(雌雄)을 결정하는 바보같은 짓은 하지 않는다.

동물 사이에 있어서, 다른 종족간에는 살생이 있으나 같은 종족끼리는 아무리 심하게 싸워도 결코 상대방을 죽이는 경우는 없다. 그런데 만물의 영장(靈長)이라고 자부하고 호모 사피엔스라는 학명까지 가지고 있는 우리들 인간은, 전쟁이나 개인적인 싸움에서 서로 살인하고 있다. 프랑스의 생리학자 샤르르 리쉐는 동물보다도 못한 이 어리석음에 아연 실색하여 호모 사피엔스란 이름을 반납하고 인간을 호모 스털티시므스(Homo Stultissimus : 어리석은 인간)라고 부르는 것이 마땅하다고 주장하고 있다' 고.

### 3) 원수를 살려두지 않는 이유

인간, 이 어리석은 생물은 옛날부터 말해온 바와 같이, '만일 인간의 시선(視線)만으로 상대편 여자를 임신시킬 수 있다면, 거리는 온통 임산부로 가득찰 것이고 또 인간의 눈초리로 상대편을 죽일 수 있다면 시내 곳곳에는 시체가 즐비할 것이다'라는 호모 스털티시므스적인 경향이 현대 사회에서도 나타나고 있는데 그 원인은 어디에 있는가?

내가 모리스로 부터 배운 것은 항복하고 도망쳐서 '경쟁 상대가 없어진 같은 부류의 동물은 위협이 되지 않기 때문이다'라는 것이었다.

어젯밤(1979. 4. 29. 일요일) NHK의 대하 드라마 '불타는 초원(草原)'에서는 카마쿠라(鎌倉)에 인질로 잡혀있는 기소여시나까(木會義仲)의 아들 여시다까(義高)의 생명을 구걸하는 세이꼬(政子)에게 여리도모(類朝)가 다음과 같이 말하는 대사(台詞)가 있었다.

'20년 전, 내가 저 아이(義高)와 같은 나이 때, 나의 아버지 여시도모(義朝)는 다이라노기여모리(平淸監)에게 패하여 죽음을 당했다. 그때 이께(池) 비구니의 간청으로 생명만을 건져 나는 평생 불경(佛經)을 공부한다는 조건으로 이도(伊豆)로 유배되었다. 그러나 살해당한 아버지의 원한을 나는 잊으려 해도 잊을 수 없었다. 그 결과 20년이 지난 지금 나는 그 당시의 약속을 파기하고 다이라노이에(平家)를 추적하고 있다. 그때 다이라노이에(平家)는 나를 죽였어야 했다. 마찬가지로 여시다까(義高)도 아버지 여시나까(義仲)가 나에게 죽은 원한을 결코 잊을

수 없을 것이다. 그러므로 여시다까(義高)를 살려둘 수는 없는
것이다'

　인간은 긴 안목으로 볼 때, 본질적으로 체념을 모르는 동물이
고, 원한을 잊을 수 없는 동물이다. 이미 기술한 바와 같이, 인간
에게는 지혜가 있고 과거를 알며, 미래에 대한 꿈을 가지고 살
수가 있다. 현존하고 있는 유일한 동물이기 때문에 호모 스털티
시므스가 되지 않을 수 없는 것이라고도 할 수 있을 것이다.

### 4) 무엇보다 권력은 승리에서

　물론 나도 호모 스털티시므스이다. 나는 모리스의 영향을 받아
'투쟁을 피하자. 만일 부득이 싸우지 않을 수 없을 때도 원한을
사는 것은 바람직하지 않다. 그러므로 싸움을 이쪽에서 먼저
걸지 않아야 된다. 그러나 싸우지 않을 수 없을 때 패하면 후회가
되므로 승리하여야 된다. 이때 가급적 상대편의 원한을 사지않는
승리방법을 강구하여야 되는데, 경우에 따라서는 상대편의 숨통
을 누르는 것도 어쩔 수 없다'는 후나이(船井)식인 경쟁·다툼·
투쟁의 원리가 형성되었다.

　그 후 나는 남아프리카의 동물학자, 라이알 와트슨의 'The
Omnivorous Ape'[악식(惡食)하는 원숭이]나 현대 로마에 거주하
고 있는 미국의 유명한 인간과학자 로버트 아트레이의 'The
Hunting Hypothesis : A personal conclusion concerning the evol-
utionary nature of man'[사냥하는 원숭이] 등의 저서때문에 앞에
서 말한 호머 스털티시므스적인 나의 사고방식을 호머 사피엔스
의 입장에서 확립되게 되었다.

　《악식(惡食)하는 원숭이》를 읽어보면 '우리들이 매일 똑같은

조반을 먹는 것에 행복을 느끼는 이유. 그러기 때문에 저녁밥 메뉴는 변화있는 것이 바람직한 이유.' '빅토리아 여왕은 남편인 알버트가 죽은 후, 무엇때문에 뚱뚱해졌는가의 이유.' '톱레스의 웨이트레스가 있는 반면에 톱레스의 레디가 없는 이유' 등을 이해하게 된다.

또 《사냥하는 원숭이》를 읽어보면 《벌거벗은 원숭이》나 《악식 (惡食)하는 원숭이》와의 논리적 모순과 함께 '인간의 본질이 파라독스이고 잔학성과 자비 모두가 인간의 본성이라는 것. 자기 자신에 거짓말 하는 것은 인간뿐이고, 살생이야 말로 인류가 존속되는 비밀' 등의 사고방식을 깊이 이해할 수 있다. 결론적으로 인간이란 호머 사피엔스이면서 동시에 호머 스털티시므스인 것이다.

# 제1장 실천·후나이식(船井式) 인간학

── '포용성'이야 말로 성공발상법이다 ──

## 1. 1980년대는 인간의 시대

1970년대도 금년이 마지막이고 이제 1980년대가 시작되는데 상당히 어려운 시대가 될듯 하다. 가치관의 대변혁이 예상된다.

① 물질적 낭비의 제도화(制度化) → 문화적 낭비의 제도화

② 전시물(展示物) → 진짜[실물(實物)]

③ 물질 만능 → 정신 중심

④ 모든 경쟁은 선(善) → 경쟁은 때로 악(惡)이다.

⑤ 경제적 가치가 중심 → 경제외적 가치도 중시(重視)

⑥ 우수한 자에 의해 패배한다→ 독자적인 생활방법

⑦ 권력 → 권위(權威)

가치관이 180도 변화되는 경우도 많을 것이고, 또 변화되지 않는 것도 있을 것이다. 그야말로 불확실성의 시대라고 할 수 있다.

그러나 지혜 있는 존재인 우리 인간들은 이중에서 확실한 것을 발견하고 불확실한 것에 대해서도 적절하게 대처할 수 있는 준비를 갖추어야 된다.

분명한 사실은 1980년대는 '인간의 시대'라는 것이다.

탁월한 선견지명과 유능한 경영인으로 알려진 니시부(西武)

백화점의 쓰쓰미(堤淸二) 사장은 지난 3월 31일 니시부(西武) 유통그룹 입사식에서 신입사원들에게 대략 다음과 같이 말했다.

"여러분의 입사를 충심으로 환영합니다. 다가오는 80년대에는 경제, 사회적으로 크게 변화될 징조가 나타나고 있으며 그점에서 금년은 매우 감계무량한 바가 있다. 회고컨데, 지난 60년대는 경제가 급격하게 양적으로 확대하였고 경제논리가 뭣보다도 우선적이었다. 70년대는 이같은 고도성장의 뒤를 이어 체질전환이 필요한 시대였다. 이 체질전환의 준비를 위한 마지막 해가 금년이다. 80년대는 이제까지의 여러가지 사고방식과 판단기준이 근본적으로 변한다. 기업도, 개인의 생활설계도, 산업구조도 전체적으로 변하게 된다.

그러나 어떻게 변화되어야 하는가는 확실하지 않다. 이제까지와 같이 서구사회에서 전례(前例)를 발견할 수 없고 일본 스스로가 자기의 지혜와 지식, 통찰력을 가지고 모색하지 않으면 안된다. 나는 80년대가 이제까지와 같은 경제 논리 대신에 인간의 정신이 우선하는 시대가 되리라고 생각한다. 어떤 산업에 있어서도 인간 중심의 논리로 운영되지 않으면 실패하기 마련이다.

니시부(西部)유통 그룹은 오래 전부터 '시민 산업'이라는 기업이념 밑에서 인간 중심으로 모든 것을 생각하는 자세를 견지하여 왔다. 그런 의미에서 우리 그룹은 물량적인 것 보다는 질적인 면에서 일본 사회에 큰 영향력을 제공하고 있는 기업집단이다. 80년대에는 더욱 큰 실력을 축적하여야 되고 또 사회적으로도 기대되고 있으므로 그 멤버가 된 여러분들은 비즈니스맨으로서, 또 사회인으로서 그 만큼 무거운 각오와 책임을 갖기를 바란다. 그러기 위하여는 각자에게 주어진 것만을 생각할 것이 아니라 자기 스스로에 의한 창조적 사고방식을 근무하는 동안 만들지 않으면 안된다.

80년대는 가치의 다양화(多樣化) 시대라든가, 역사·전통·문화적인 면에서도 지역적(地域的)인 시대일 것이라는 등 여러가지 의견이 있다. 어쨌든 이들에게 공통되고 있는 것은 소비자의 요망을 충분히 파악하고 이것을 제조 과정에 반영하기 때문에 제조업에 대해 지도력을 발휘한다는 '마케트 오리엔테트'인 것이다.

산업구조는 물자의 제조 과정에 의해 크게 변화되며, 유통업은 물류(物流)의 기본이므로 여러분의 노력이 경제, 사회 전체에 미치는 영향은 실로 크고, 책임이 무겁다. 니시부(西武) 백화점에서는 전문직 제도를 작년 가을부터 실시함으로써 각 직장에서 어떤 기능을 발휘하여 회사나 사회에 공헌하는가를 자타(自他)가 함께 확인할 수 있는 체제를 만들었다.

그리고, 각자가 개성을 발휘하면서 개인의 자립을 촉진시키는 '기업 협동체'를 만드는 것도 준비를 진행하고 있다. 노동조합은 건강한 대내적 비판자로서의 위치를 지켜가고 있다. 이 밖에 여러가지로 복지적인 장치가 있으나, 이것은 각자에게 자립정신이 없으면 효과적이 되기 어렵다. 3~5년 동안 자기가 회사를 위해 노력했다는 긍지를 가지고 그 대가로서 급료를 받고 있다는 존재의식을 분명히 갖기 바란다.

앞으로 질적인 고도성장을 이룩하기 위해서는 여러가지 문제점이 있다. 그 점에서 이 시기에 입사한 여러분을 진심으로 환영하며 기대하는 것이다. 모순과 어려움을 극복함으로서 인간은 크게 성장할 수 있는 것이다"…… 라고.

그리고 1980년대는 모든 사람이 이해하고 공감할 수 있는 이념이나 철학이 없으면 기업도 훌륭하게 성장하기 어려울 것이다.

예를들면, 나는 작년말 부터 금년 4월말까지 백수십명의 중견급 이상 기업 경영인들과 대화를 가졌는데, 그들의 공통된 의견은 다음과 같다.

"어떤 관점에서 보아도, 상식적으로 볼 때, 앞으로의 경영 환경은 호전될 가능성이 없다. 경쟁도 심해질 것이고 이제까지와 같은 유자원(有資源) 시대의 경쟁체제도 변화하지 않을 수 없다. 이중에서 확실한 것은 인간의 시대가 온다는 사실이다. 보다 훌륭한 종업원, 훌륭한 고객, 바람직한 거래선을 갖는 것은 기업발전의 기본이 된다. 여기에서 기업의 공기성(公器性)과 종업원을 비롯하여 기업과 관련된 사람들과의 인간성을 존중하고 향상시키는 기업, 말하자면 인간의 교육장소로서의 존재가 기업존재의 핵심이 될 것이다. 이같이 공기성(公器性)과 교육성(教育性)을 중요시하는 경영 이념과 철학을 다시한번 확인하여야 된다"는 것이 이들 일본의 리더라고 할 수 있는 사람들의 일치된 견해인 것이다.

개개인의 생활 목표도 사회에 대하여 빚을 지지 말 것과 인간성의 향상을 위하여는 기업이념도 똑같이 공기성(公器性)과 교육성을 가져야 된다. 결국 개인목표나 기업목표도 일치된다는 것이 확인된 셈인데, 인간으로서의 공기성과 교육성의 추구에 노력하는 것이 올바른 태도일 것이다.


## 2. 포용성(包容性)의 인간학을


'신입사원 여러분에게'〈사장으로서〉

―다음 기록은 최근 우리 회사=일본 마케팅센터의 신입사원
에게 입사 직후 말한 것이다. 나의 최근 심경이 그대로 반영
되어 있다.―
여러분의 입사를 환영합니다.

## 1) 올바른 이념과 철학을 갖자

세상은 현재 격변하고 있다. 1980년대는 틀림없이 격변의 시대
일 것이고 불확실성 시대일 것이다.
여기에서 확실한 것은 이제부터는 인간의 시대이고, 올바른
인간으로서의 이념과 철학을 갖지 않으면 안된다는 사실이다.
올바르다는 것은 가급적 많은 사람들이 이해하고 긍정하는 것으
로 생각하면 된다. 이와같은 인생관·철학·사상·사명감을 가지려
면 무엇때문에 인간으로서 살고 있느냐는 이유나 살고 있는 목적
을 확실히 알아야 된다. 내가 여러분 보다는 약간 인생 선배다.
그리고 사장이므로 여러분이 입사한 이 회사는 나의 인생관이나
철학에 의해 운영되고 있다. 그러므로 우선 나의 '인생에 대한
사고방식'을 간단히 설명하려고 한다.
나에게는 여러가지 희망이 있다.
① 남을 도와주는 인생을 가급적 살고 싶다. 그러나 자칫 잘못
하면 빚지는 인생이 되기 쉽다.
② 타인의 성공이나 행운을 즐거워하고, 실패나 슬픔에 대해서
는 동정하고 싶다. 그러나 타인의 성공을 질투하고 불행이 즐거
운 경우가 있다.
③ 인간을 믿고서 살고 싶다. 그러나 믿더라도 속는 경우가
있으므로 경계가 필요하다.
④ 당당하게 거짓없고 비밀없이 살고 싶다. 그러나 인간으로서

의 약점이나 사치성 때문에 거짓과 비밀이 많다.

⑤ 본심에서 나온 말과 표면상의 방침을 일치시키려고 한다. 그러나 본심에서 나온 말이 드물다.

⑥ 타인에게서 괄세받지 않고 남을 무시하지 않으며 자유스럽게 왕성히 발전하고 싶다. 그러나 대부분이 남을 구속하고 속박당하며 괄세받으면서 발목을 잡혀 살고 있다.

⑦ 언제까지나 젊고 활발하고 깨끗하고 싶다. 그러나 나이가 들면 체력도 두뇌도 허약해진다.

⑧ 행복하고 싶고, 성공을 바란다. 그러나 마음 쓰기에 따라 불행하기도 하고 욕망에는 한계가 없다.

⑨ 모든 사람들을 긍정적으로 대하는 입장이 되고 싶다. 그러나 남을 부정하고 비판하려는 경우가 많다.

⑩ 과거의 생활은 전부가 착했다고 생각하려 한다. 그러나 후회감이 항상 뒤따른다.

나는 한사람의 인간으로서 이같은 희망을 실현하고 싶다. 어떻게 이같은 소망을 갖게 되고 실현하려고 생각하게 되느냐 하는 것은 과거의 인생 경험에 의해 달라진다. 여러가지 노력을 하였으나 괴로움도 많았다. 그때마다 인생체험으로서의 경험과 노력도 많았다. 종교·철학·역사·뇌생리학·심리학·운명학이나 초심리학 등 필요에 따라 여러가지 지식을 축적했고 그 결과로 나름대로의 인생관이 정립된 것이다.

## 2) 인간으로서의 능력을 배양할 것

나의 인생관은 가능한 범위 안에서 자기를 둘러싸고 있는 세상의 '진·선·미'를 이해하고 그것을 추구, 창조 및 조화하기 위해 노력하는 것이 인간으로서 사는 동안의 목표로 삼아야 된다고 생각한다. 그러기 위하여는 인간으로서의 능력을 갖춰야 된다. 나는 인간의 능력을 다음과 같은 공식으로 표현하고 있는데, 이것은 나의 인생 체험에서 만들어진 공식이다.

능력＝재능×지식×경험×태도×마음

재능이란 닦을수록 더욱 풍부해진다. 새로운 지식과 경험에 가능한한 도전하자. 인간의 특성이라고 하는 사고·창조 및 의도, 소위 지혜가 여기에서 생겨난다. 태도란 자기를 충분히 알게 될수록 점차 겸손해진다. 그리고 여기에서 파생되는 행동은 보다 빠르고 정확해진다. 마음을 노력을 통해 보다 크게 갖자. 이것이 바로 모든 사람을 인정하고 사랑할 수 있으며 모두를 포용하는 목표이기 때문이다.

구체적으로 설명하자. 이 공식에 따라 나는 여러분과 같은 풍부한 재능있는 엘리트를 채용하게 되었다. 풍부한 지식으로 경험을 축적하고, 겸허한 태도, 신속 정확한 행동력을 갖추기 위하여 기회와 목적을 주고 자유를 보장하려고 한다. 여기에서는 책임이 발생되지만 그것이 인생 태도를 향상시킬 것이다.

그리고, 여러분의 마음을 더욱 크고 풍부하게 하기 위하여 가급적 모든 것을 포용하려고 한다. 진짜 자기 자신처럼 믿고 사랑하려고 한다. 마음이란 믿음과 사랑에 의하여 더욱 성장된다고 생각하기 때문이다.

능력이 생기면, 매사에 적확성(的確性)을 갖게 된다. 또 인간을 신용하게 되고 모든 것을 긍정하는 것이 목표라고 말할 수 있게 된다. 자기 실현도 가능하다. 모든 과거가 옳다는 사상, 모든 것을 착하게 생각하는 발상(發想)＝플러스 발상(發想)도 가능해진다.

능력이 없으면 이와 반대로, 대인관계가 두렵고 믿을 수가 없으며 타인을 부정하거나 모든 일이 전부 마이너스(손해)였다는 식으로 후회가 증가된다.

### 3) 인간을 믿고 자유를 중요시하며, 책임을 갖자

그런데, 능력을 갖자면 그럴만한 환경을 만들지 않으면 안된다. 그것은 전술한 바와 같이 다음과 같다.

① 우선 제3자가 믿을 수 있는 환경을 만드는 일이다. 책을 쓰거나 대중 앞에서 상연하는 것도 사기 자신을 제3자가 믿게끔 하는 노력인데, 이에 앞서, 가정 내에서와 같이 불문곡직하고 주변 사람이 믿게 되는 환경을 만드는 것이 중요하다.

② 그 다음에는 인간의 특성인 사고(思考)·창조·의도 등의 능력을 강화하는 조건에 적응하기 위해서도 자유가 매우 중요하다. 책임을 가지고 독자성을 발휘할 수 있는 분위기가 필요하다.…… 나는 이 회사내에서 가능한 한 이같은 환경을 만들었고 앞으로도 계속하려고 생각하고 있다. 그러기 위하여는 여러분의 협조도 매우 중요하다.

### 4) 성공·행운의 5조건을 적극적으로

그런데, 여러분의 입장에서는 이같은 환경 만들기에 협력할 뿐만 아니라 적극적으로 다음과 같은 노력이 바람직하다.

① 그 중 하나는 큰 꿈과 비전을 갖기 바란다. 미래에는 이렇게 되고 싶다는, 그 시점에서 가능성의 최대한도를 꿈이나 비전을 통해 실현하는 것이다. 성공 법칙으로 유명한 죠셉 머피는 '믿고

노력하면 달성된다'고 말하고 있다. 그리고 이것은 심리학적으로 증명되고 있다. 큰 꿈을 갖고 있으면서 꿈의 성공을 믿기 바란다.

② 다음에, 생각할 수 있는 비교적 가까운 장래까지의 구체적 달성 목표와 계획을 갖기 바란다. 앞 일을 생각하고 계획할 수 있는 것은 인간만의 특권이다. 세상의 변화, 환경의 변화에 따라 목표나 계획을 변경시키게 되는 것이지만, 목표나 계획은 없는 것보다 있는 편이 훨씬 빨리 성장된다.

③ 세번째는 현재에 대한 전력투구(全力投球)가 바람직하다. 환경이 변했을 때, 전력투구한다는 것은 천직 발상(天職發想)을 위해서도 매우 도움이 된다. 천직 발상이란 현재의 직업이야말로 자기에게 최선의 것이라는 사고방식인데, 이때는 박력이 나타난다. 흥미와 호감을 갖게 되면 어떤 일도 쉽게 이룩되며 숙달되는 최선의 요령이 되기 때문이다.

사랑하는 애인이 말한 한마디 한마디를 기억하고 있는 이유와 똑같다. 지성적(知性的)인 인간들은 자기 능력과 다른 사람과의 비교에서 불만을 갖는 경향이 있는데, 이것은 상사들에게서 신뢰를 받기 어렵다. 왜냐면 인간의 본능에는 식욕··성욕 이외에도 집단욕이 있고, 타인의 기분을 본능적으로 관찰할 수가 있기 때문이다.

회사의 상사로서는 때론 즐거워하면서도 불만을 갖는 부하보다는 어떤 일에 대하여도 긍정적으로 전력투구하는 부하를 당연히 신용하게 되고 어여삐 여기게 된다. 더구나 이 세상은 어떤 일이 언제 일어날지 예상하기 어렵다. 어떤 일에도 대처할 수 있는 인간이 아니면 훌륭하게 인생을 성공으로 이끌 수가 없다. 이것은 모든 것을 천직(天職) 발상적인 노력으로 해결하여야 된다는 의미이고, 현재의 여러분과 같은 새로운 환경에서야 말로 천직 발상의 훈련이 필요하게 된다.

④ 네번째로 노력할 일은 매사를 가급적 마크로적(的)으로 해석하려는 사고방식이 바람직하다. 예를들어 출근하게 되었다고 하자. 처음 배당된 일은 단순한 권고문(勸告文)의 리카피일지도 모른다. 그러나 무엇때문에 자기에게 이것을 베끼라고 하였는가? 그러기 위하여는 어떤 과정을 거쳐야 되는가? 맡겨진 공문 서류보다도 더욱 발전된 문장으로 개서(改書)하는 자발적인 요령이 필요하지 않을까? 등등으로 폭넓게 이해하는 태도가 바람직하다.

여러분과 같이 높은 지성인들은 부분적으로 생각하기에 앞서 대국적(大局的)으로, 전체적으로 파악한 다음에 세부적인 의미를 아는 것이 훨씬 이해가 빠르고 실수없이 일을 끝마칠 수 있다. 이것을 기억하기 바란다.

⑤ 그리고 다섯번째 이것이 마지막인데, 우리 회사의 한 멤버가 된 이상 회사를 위해 노력하기 바란다. 상사나 동료 사원, 고객들을 비롯하여 관계되는 모두를 위해 힘껏 힘쓰기 바란다. 그러기 위해서는 상대편을 알고 이해하지 않으면 안된다. 이해하면서 그 사람을 위하여, 그 회사를 위하여 노력하려고 생각할 때 상대편도 신뢰를 갖게 된다.

우선 일본 마케팅센터의 창립 배경, 사장인 후나이(船井)의 인간성과 삶의 태도를 알기 바란다. 다음에는 직접 관련되는 상사, 그리고 동료, 고객 등에 대하여 그들의 인간성부터 알기를 바란다. 인간은 환경적인 동물이므로 인간성을 알면 행동 패턴을 이해하기 쉽다. 여기에서 중요한 것은, 이들의 인간성이나 회사의 성격이 자기와 맞지 않는다고 해서 부정하면 안된다는 사실이다.

우리가 이 세상에 존재한다는 것은 어떤 일에 있어서나 올바르다고 긍정받게 되는 인간이 되려는 노력 목표때문이라고 생각하고 있다. 그러므로 모든 것은 포괄적으로 감싸면서 이해하려는 사고방식이 바람직하다.

모든 사람을 착하다고 감싸주는 것이 중요하다. 이때는 독(毒)인 것도 약이 될 수 있으며 먹어도 체하지 않고 영양이 된다. 모든 것을 감싸주려고 노력하는 것, 나는 이것을 '포용성의 인간학'이라고 부르고 있는데, 이것을 알고 실천하는 것만이 최대의 노력 목표라고 생각하기 바란다.

……이것으로 나의 강연, 사장으로서 인생의 선배로서의 이야기를 끝마치겠는데 같이 근무하면서 서로 배우게 된 불가사의한 인연을 귀중하게 생각한다. 여러분의 미래에 행운이 있기를 충심으로 기대한다.

## 3. 경험 80%, 지식은 20%

### 1) 결론주의와 현상 긍정적 낙관주의

상당히 오래전 이야기인데, '유니'의 다카기(高木久德) 회장이 정년 퇴임 인사를 겸해 나를 방문한 일이 있었다. 다카기씨와의 해후는 10여년이 넘는 것으로 기억된다. 그리고 '호데이야'와 '니시가와야(西川屋)'가 합병되기 전에 팔승관(八勝館)이라는 나고야(名古屋)의 유명한 요리점에서 식사하게 된 것이 첫 만남이었다. 그 때는 당시 '호데이야' 사장이었던 다카끼(高木)씨 이외에 니시가와야(西川屋)의 부사장인 니시가와(西川俊男)씨 [현 '유니'사장] 그리고 '아까노렌'의 이토오 사장도 합석했었다.

당시 나는 술을 마실줄 몰랐는데, 이들 세분이 나고야(名古屋)에서 대표적인 대량판매점의 경영자이고 고급요정에서 전혀 술을 마시지 않고 이야기에 열중하는데 놀라지 않을 수 없었다.

다카끼(高木) 회장과는 오랜만에 저녁식사를 하면서 3시간 정도 이야기를 계속했다. 유통업계 문제, 사업 전망, 집필중인 본서 등에 대하여 이야기 하였는데, 서로의 인생관에 대해 깊이 있는 논의가 재미있었다.

본서에 대하여는 '후나이 선생, 선생이 미리 경종을 울렸으므로 대량판매점 업계는 상당히 도움을 받았습니다. 이점 매우 감사하게 생각합니다. 그러나 한편으로 너무나 박식하여 결론에 쉽게 도달되므로 가끔 한기를 느낄 정도로 오싹할 경우도 있었지요. 현재 잘 알려진 유통업계에서도 무서운 분, 비상한 사람이라는 오해가 아직 있습니다. 이것을 해소하기 위해서도 책을 저술하는 것은 매우 바람직 하지요'라고 말했는데 그분의 정직성과 솔직성이 매우 즐거웠다.

나는 사업상으로도 경제기자들과 만나는 경우가 많다. 특히 일본경제신문사, 다이어몬드사, 동양경제신보사에는 친분있는 기자들이 많은데, 함께 술을 마실때는 여러가지 평가들이 나타나곤 한다. 평가의 핵심은 대체로 다음과 같다.

'개개의 현상을 지나칠 정도로 잘 안다. 그리고 결론만을 말한다' ……일본경제신문사 모기자.

'모든 것을 긍정, 삼키고 만다. 현상(現狀) 긍정주의자이다' ……다이어몬드사의 모기자.

'어떤 경우에도 포기하지 않고 타개책을 강구한다. 그것을 성공시킨다. 따라서 낙관주의자이다'……동양경제신보사의 모기자.

묘하게도 맞는 말이다. 나는 나의 회사에서도 '현상(現狀) 긍정적 낙관주의자'이고 또 자신없는 말은 하지 않으며, 행동하지 않는 '결론주의자'라고 할 수 있다.

이와같은 나의 생활태도는 어데서 형성되었을까? 그것은 본서에서 기술하고 있는 각종의 지식때문이기도 하겠지만, 이들 지식은 20% 정도에 불과하고 나머지 80%는 이제까지 살아오던 과정에서의 경험, 특히 사회인이 된 후의 체험에 의한 것이라고 생각하고 있다.

## 2) '삶의 태도' 이외에는 책임이 없다

예를들면 나의 경영 컨설턴트 생활도 이제 19년이 넘었다. 객관적으로 외부인이 보기에는 통쾌하게 신속히 일처리를 하는 것으로 보는 것 같다. 사실, 이 불경기에서 약 1천개의 회사 고문 역할을 맡고 있고, 경영자로서도 나의 회사=일본 마케팅센터는 순조롭게 성장세를 지속하고 있다.

그러나 정직하게 말해서 그동안 실패에 실패를 거듭하여 왔고 그 덕택으로 겨우 이 정도가 된 것이다. 젊었을 때는 생각에 생각을 거듭하다가 반쪽 환자처럼 되거나, 고문을 맡은 기업을 위해 재산을 투자한 끝에 실패하여 가산을 탕진한 경험도 있다. 심신이 피곤한 경험도 많았다.

현재도 사업과 무거운 책임때문에 1주에 1∼2회는 수면부족인 경우가 있다.

　이와같은 체험이 나에게 하나의 생활방법을 가르켜 주었다. 즉, 이제부터 본서에서 서술하려는 것과 같은 여러가지 지식의 도움을 받아 '후나이'라는 한 인간의 생활태도를 형성한 것이라고 볼 수 있다.

　다음의 기술은 나 스스로가 만들었고 현재 사장으로 있는 일본 마케팅센터의 종업원 행동기준인데, 이것은 나의 '생활태도'를 정확히 정리한 것이다.

　나의 회사, 일본 마케팅센터는 현재 100명 가까운 사람이 경영 컨설턴트로서 매일 고문을 맡고 있는 기업에 파견되고 있다. 어드바이즈 업무가 대부분이지만 이들 한사람 한사람의 영향력은 상대편 기업체에 있어서는 매우 중대할 것이다.

　그리고 현재에 있어서, 일본 마케팅센터의 고객인 각 기업들은 나의 사상과 실적에 공명하고 어드바이즈를 요구하는 것이 일반적인데, 나로서는 수임받은 이상 중대한 책임을 갖고 있다. 어떤 젊은 사원일지라도 우리 사원의 실패는 나의 실패이고 책임이다.

　현재의 사원은 100명이지만 300명 정도로 증가시키고 싶다 (그 이유는 제8장에 기술되어 있다). 사원 한 사람, 한 사람을 내가 끊임없이 관여하는 것은 물리적으로 불가능하다. 더구나 그들은 나보다도 훌륭한 능력을 반드시 가지고 있는 전문가들이다. 유감스럽게도 경영 컨설턴트로서의 경험과 요령이 나보다 부족할 뿐이므로, 여기에 나의 경험과 인생관을 참고 삼아 '종업원 행동기준'을 만들었다.

　이것은 현재의 나의 생활태도이고 사원이나 고객을 위해서도 필요하며 나의 정신적인 자세이기도 하다. 다만, 미래에 있어서 이 행동기준은 사원의 의견과 나의 지식이나 축적된 경험을

참고하여 더욱 개선시켜 나갈 예정이다. 그러나 그것은 내가
사장인 이상 그 시점에 있어서의 나의 생활모습일 것이다. 생활
태도 이외는 책임질 수 없기 때문이다.

---

### 일본 마케팅센터의 종업원 행동기준

인간으로서, 개인으로서, 회사로서의 충실한 능력을 가지고 끊임없이 전력
투구하자. 그 결과로서

① 인덕(人德)과 관록(貫禄)에 도전하자.

② 인간적, 상식적으로 최선을 다 하자.

③ 신용을 얻을 수 있도록 하자.


① 타인이 할 수 있는 것은 자신도 할 수 있다고 생각하자.

　① 보고 듣고 배우며 규칙화 하자.

　② 경험해 보자.

　③ 못할 때는 할 수 있는 사람을 찾아, 맡길 수 있는 능력과
도량을 체질화 하자.

② 끊임없이 강직하고 미래지향적으로 살자.

　① 남보다 선수를 칠 것

　② 도망치지 말것

　③ 꺾어리다

　④ 삼켜라

③ 결단, 실천, 행동적일 것

　① 일본인은 달리면서도 생각할 수 있다―즉시 착수 할 것

　② 끈기있게 변화하면 실패도 성공이 된다―두려워 말고 주저
하지 말 것

④ 어쩔수 없는 도전은 스스로가 맡을 것

---

① 약간은 무리를 하자―하면 된다.

② 아는 것은 전부 **가르쳐라**―그러면 새로운 아이디어가 솟아 나온다.

③ 어려운 일과의 맞대결

④ 큰 문제와의 맞대결

⑤ 임무는 주어진 것만이 아니다, 잡어라, 철면피하게 잡아라.

　① 싸움을 두려워 말라

　② 마찰을 무서워 말라

　③ 하고싶은 말은 하라

　④ 스트레스를 갖지 말것

⑥ 집중 공격하고, 끈질기면 반드시 무엇이 되고 싸움에도 이긴다.

　① 처음에 집중적으로 공격한다―90％까지 공략된다.

　② 함락되지 않으면 끈질기게 물고 늘어진다―목적 완수까지 죽어도 떨어지지 않는다.

⑦ 호감을 갖게하는 인간이 되라. 그러기 위하여는 객관적일 것.

　① 예의와 예의범절 교육이 중요하다.

　② 과장하지 말라.

　③ 누구에게나 항상 친절할 것

　④ 다른 사람 말은 무엇이나 우선 긍정한다.

　⑤ 입장을 바꿔서 생각하자.

⑧ 낭만과, 비전, 큰 야심을 갖자.

　① 자기의 잠재의식을 활용하라―실현된다.

② 희망을 가져라 — 활발하게 살 수 있다.

③ 방글 방글 웃어라 — 덕(德)이 넘쳐 흐른다.

⑨ 우선순위(優先順位)를 알고 실천하는 인간이 되라.

　① 중요한 일과 필요한 것부터 착수할 것

　② 만능선수가 되려고 작정하라.

　③ 계획적이면서 변환자재(變幻自在)의 체질을 갖자.

　④ 시간을 효과적으로 활용한다.

　⑤ 어제 일을 내일로 연장하지 말 것

⑩ 무엇보다도 신용을 중요시하라. 신용을 위하여는 모든 것을 희생해도 좋다.

　① 약속을 지켜라.

　② 책임을 필요이상으로 부과시켜라.

　③ 가능한 범위안에서 완전주의에 철저하다.

　④ 굴복하지 말 것.

그대의 능력과 거기에 상응하는 자신력을 가지고 이것을 더욱 상승시키기 위하여 우리들은 서로 협력하자.


## 4. 의지 결정은 '마크로(거시)적인 선(善)'으로


　경영인의 직업은 의지(意志) 결정업이고, 경영컨설턴트는 의지결정의 어드바이즈업이다. 이 두가지를 겸하고 있는 나는 쉽게 말해서 의지결정업=결단업(決斷業)의 프로와 비슷하다.

## 1) 중요성의 순서를 충분히 생각하자

나의 회사 일본 마케팅센터에는 내가 고문역을 맡고 있는 사장의 자녀들이 사원으로서 많이 근무하고 있다. 2~3년간 견습으로 근무하겠다는 경우가 있는데, 문제는 정식 사원들 사이에서 생기는 경우가 가끔 있다. 대학 졸업후 입사하여 4~5년 지난 후 이제 회사에서 활용할만 할 때, '아버지의 회사에 돌아가겠다'고 해서 문제가 생긴다. 평생 우리 회사에서 근무할 것으로 생각했으나 본인의 의사에 따를 수 밖에 없는 것이다. 나뿐이 아니고 회사의 입장에서 본다면 여러가지 교육훈련에 노력했고 평생사원일 것으로 기대했기 때문에 특별한 사정이 아닌 이상 아쉬움이 없을 수 없다. 이것은 누구나가 가질 수 있는 느낌이고 이해관계도 된다.

그러나 본인에게 있어서 가장 중요한 것은 자기 자신의 행운에 대한 관심일 것이다. 인간이란 의욕이 없을 때, 능력을 발휘하기 어렵다. 한번 의지가 결정되고 그것이 가능하다면 본인의 장래를 위하여 그것을 실현시켜 주는 것이 인생 선배로서의 의무도 된다. 퇴사를 결심한다는 것은 본인에게 있어서 매우 중요한 일이다. 특히 우리 회사 사원과 같이 인생과 사회의 엄격성(嚴格性)을 지나칠 정도로 알게 되는 근무를 경험하게 되면 현재까지의 환경을 바꾼다는 결심이 흔한 일이 아니다.

따라서 이같은 경우에, 나는 개인적인 감정을 무시하고 사장이라는 입장에서는 못마땅해도 오히려 본인의 의사 결정에 동조하게 된다. 자기나 회사의 사정때문에 제3자인 하나의 인격을 기본적으로 구속할 수 있는 권리는 없는 것이다. 따라서 본인이 퇴사할 의향을 가지고 있는 경우는 즐겁게 양보하고 그가 다음의 직장에서 전력투구할 수 있도록 여러가지 편의를 제공하는 것이 매우 중요하고 올바르다고 생각한다.

### 2) 중요한 포인트는 보다 마크로(거시)적인 선(善)

우리 회사처럼 대형유통업의 대부분과 거래를 갖게 되면, 경쟁 관계에 있는 2개 이상의 회사 고문역을 동시에 맡게 되는 경우도 가끔 있다. 사업의 성격상 고문역을 맡고 있는 회사의 비밀을 알 수 있으므로 이것이 경쟁 회사에 누설되지 않을까를 의심받는 경우가 많다. 이것은 당연한 일이고 비밀이 누설된다면 거래처로부터 신용을 얻을 수 없다. 따라서 결코 누설시켜서는 안 된다. 이것이 유통업계에서 공인되고 있으므로 현재는 고문을 맡고 있는 회사수가 현재는 1천개로 증가했다. 그래서 우리 회사는 업계 전체나 고문 회사의 체질을 알 수 있게 되었고, '당신 회사는 이런 방향으로 가는 것이 바람직하다'고 말할 수 있게 되었다. 따라서 최근에는 실패율이 현저히 감소됐다고 말할 수 있다.

예를들어, 유통업계라면 우리 회사는 중견급 이상 대부분의 기업 실태를 알고 있다. 이러한 전제 밑에서 방향 제시와 어드바이즈를 하게 되므로 우선 착오가 없게 된다.

그런데, 옛날의 나는 대부분 일부의 실태만을 알고 있었다. 그러므로 고객의 어드바이즈 요구가 있으면 머리로 생각하고 이론적인 타당성을 구축하여 여기에서 결론을 유도할 수 밖에 다른 방법이 없었다. 이것은 비상한 천재가 아닌 이상 매우 위험하다. 사실상 나도 실패에 실패를 거듭했다.

이런 것을 평범하게 기술했으나, 실정은 매우 어려운 일이 많았다. 예를들면, 유통업계에서 나와 가장 가깝다고 할 수 있는 기업은 규슈(九州)의 스시야(壽屋)다. 그러나 나는 스시야와의 경쟁 상대인 '유니토'를 비롯하여 30개사 정도의 중견급 이상 소매기업과도 현재 규슈(九州)에서 거래를 계속하고 있다.

규슈의 소매업계가 보다 잘 발전될 수 있도록, 그리고 소비자에게 보다 메리트가 있게 라는 발상을 가지고, '나의 사고방식에 공명(共鳴)한다면'이라는 조건부이긴 해도, 나는 경쟁관계에 있는 이와같이 많은 기업과 거래하는 것이 오히려 여러가지로 플러스가 된다고 생각하고 거래를 시작한 것이다.

스시야(壽屋)의 스스끼(壽崎) 사장이나, 유니토의 에가미 사장도 나의 이 '마크로의 선(善)'이라는 사상과 발상법을 이해하고 있는데, 이것은 정적(静的)인 것보다 순리적(順理的)인 점에서 용인하는 듯 생각된다. 이것이 사실이라면 정적인 면에서도 이해를 하도록 노력하는 것이 나의 사명이고 이것을 생활태도에서 나타내는 것이 온당하다고 생각된다.

'스시야(壽屋)'나 '유니토'같은 대형점이면 나의 사고방식을 이해하기 쉽지만, '경쟁 업체들은 전부 적대(敵對) 관계이므로 그쪽에 가서 지도한다는 것은 어불성설'이라는 중견급 업체들도 많이 있다. 그러나 그러한 기업일수록 우리 회사와의 유대감이 강하고 일체감이 있을 때가 많다. 그러니까 컨설팅에서 매우 어려움이 많다.

이와같은 경우, 마크로로 생각할 때, 소위 '보다 더 마크로적인 선(善)'에서 볼 때, 경쟁 상대편에도 어드바이즈하는 것이 좋다고 분명히 판단될 수 있는 경우는 인내있게 설득하고 납득시킨다. 그리하여 이해뿐만이 아니라 납득하므로서 비로서 경쟁하는 기업과도 거래하도록 하고 있다.

납득한다는 것은 이치적으로나 정적으로나 이해한다는 것이므로 비교적 중견급 보다는 대형 업체가 현실적으로 거래하기 쉽다.

그러나 '마크로의 선(善)'이라는 사고방식은 유통업계에서 거의 정착되었다. 이제부터는 나 또는 우리 회사가 모범적인 '삶의 태도'를 통해 '마크로적인 선(善)'의 정당성을 증명하여야 된다.

### 3) 자신없는 것은 타인에게 권하지 말라

인간에는 많거나 적게나 모험심이 있다. 호기심과 모험심이 인류를 발전시켰다고도 할 수 있다. 인간은 누구나가 뭣인가를 하려고 한다. 예를들면 외도를 하고 싶다……라는 등의 욕망이 생길 수 있는 것이다. 이때, 자기 책임으로 처리할 수 있고 남에게도 폐를 끼치지 않는다는 전제가 있다면 하고 싶은 것은 무엇이나 하는 것도 괜찮을 것이다.

단, 제3자에게 폐를 끼칠 경우, 즉 자기 책임으로 처리가 불가능한 경우는 미련없이 그 욕망 충족은 포기할 일이다. '경영컨설턴트는 경영자나 고문을 의뢰한 기업의 욕망에 자신감을 갖게 하면서 충족시켜 주는 데 존재가치가 있다'라고 나는 항상 우리 회사 사원들에게 강조하고 있는데, 이 자신력(自信力)이란 어디까지나 자기 책임으로 처리되고 제3자에게 피해를 주지 않는 자신감이라는 것을 알기 바란다.

흔히 '20대에서는 20％의 자신(自信)만 있으면 해도 된다. 그러나 30대라면 50％, 40대 이후에서는 80％의 자신이 없으면 하지 말라'라는 말이 있는데 사실은 20대에서도 100％의 자신이 필요한 것이다. 능력의 강화, 향상의 가능성, 젊은이가 갖는 **변환**

(變幻) 자재성(自在性), 장래성 등에서 이같은 말이 생겼다고 이해하기 바란다. 제3자에 대한 의지결정의 어드바이즈에는 소심할 수록 좋다. 자신없는 것은 권고할 필요가 없다. 그 다음에 가급적 많이, 제3자의 욕망충족을 위해 자신감을 넣어줄 수 있는 사람, 이것이야 말로 최고의 어드바이저인 것이다. 이것은 우리들의 목표이기도 하다.

### 4) 나는 소심하다

'후나이 선생, 당신은 지나칠 정도로 여러가지 실정을 잘 알고 있으므로 결론만을 말한다. 그것은 실정을 가르켜 주고 싶지 않거나 바쁘다는 핑계 때문이겠지요'라는 말을 듣는 경우가 많다.

이런 말을 들을때 마다 반성하게 되지만, 나는 말해서는 안되는 비밀은 별도로 치고, 실정이나 실태를 가르쳐 주지 않을 만큼 폐쇄주의자는 아니다. 어느편이냐 하면, 철저한 개방주의자이고 직업상으로도 귀찮다는 것은 천만의 말씀이다. 무척 바쁘면서도 이와같이 단행본을 위해 원고까지 쓰고 있다.

한가지 실례를 나의 본업인 경영 컨설턴트에서 설명하자.

① 상담 의뢰가 왔을 때 설명을 듣거나 현장에 찾아간다. 대부분 자신있는 대답이 나온다. 의뢰인에게 설명한 즉, 납득하여 자신을 갖게 되었다. 그러나 조사나 진단에 의해 자신력(自信力)을 뒷받침 한다. 그 다음에 계약을 맺고 일을 맡는다. 조사나 진단이 의뢰인의 자신력을 뒷받침 하지 못할때는 그것을 거절한다.

② 자기로서는 자신있는 답이 나왔다. 그래서 일을 맡으려고

했으나 의뢰인에게 납득시키기가 매우 힘들고 자신력을 갖게 하기가 어렵다. 이 경우, 조사나 진단, 클리닉(현장 연수회)을 통해 납득과 자신을 의뢰인이 갖도록 한다. 그럼에도 불구하고 의뢰인이 그것을 납득하지 못하고 자신력을 갖지 못하면 일을 맡지 않는다.

③ 자기로서는 자신이 있다. 그러나 나나 의뢰인 주변에 있는 제3자가 전부 나의 생각에 반대한다. 이때는 조사나 진단을 통해 철저하게 다시 검토한다. 그 결과 나의 소신에 하자가 없으면 모든 사람을 설득한다. 모두에게 자신을 갖도록 한다. 그 다음에 일감을 맡는다. 의견이 일치되지 못하고 모두에게 자신감을 못주면 거절할 수 밖에 없다.

④ 자신이 없을때는 언제나 단연 거절한다.

……내가 최근에 실패하지 않게 된 것도 이와같이 소심하고 매사에 철저했기 때문일 것이다. 그러면서도 한편으로, 널리 자신력을 갖기 위해 끊임없이 여러가지 모험과 실험에 착수하고 있다. 다만 이것들도 자기 책임하에서 처리될 수 있는 범위에서 실천하고 있다.

마지막으로, 나는 여러가지 경험의 축적때문인지, 재능때문인지 모르나 의뢰받을 비지니스는 뛰면서 생각하건, 실천하면서 변경하건 성공시킬 자신감이 생겼다. 이것은 매우 다행한 일이다.

어떤 사람도 타인의 얼굴을 보면 착한 편인가 악한 편인가 정도는 짐작할 수 있다. 장기간의 경험을 통해 6감으로 해답을 얻을 수 있기 때문이다. 나는 직업적으로 점포를 보면 매상고를 짐작할 수 있고, 회사의 현관에 한발짝 들어서면 영업 실적이나 경영인의 인품을 추정할 수 있다. 이 육감에다 진단과 조사 등의

과학적 방법을 동원시켜 비로소 자신있게 컨설턴트에 착수하는
것이다.

나는 소심한 편이지만 제3자에 대해 영향을 끼칠 것에 대비하
여 이렇게 신중하지 않을 수 없는 것이다. 그럼에도 불구하고
나의 의지 결정은 속결주의라는 정평이 있고, 최근에는 믿을
수 있고 맡길 수 있는 간부들이 많이 확보되었으므로 더 소심하
고 더욱 빨라질 전망이다. 이것도 매우 다행한 일이다.

# 제 2 장 머리를 써라, 그러면 더욱 좋아진다

──혈통, 학력보다는 본바탕이 중요──

## 1. 가장 씩씩한 사람들, 창업자 오너들

　나는 수임받은 업무의 성질상, 사장들과 상담하는 경우가 많다. 특히, 20년 사이에 급성장한 양판점(量販店, 슈퍼)의 창업자 사장들과 친분관계를 맺고 있다. 이를 창업자들은 나에게 있어서 훌륭한 인생 선배이기도 하다. 일본화학(日本化學)의 하라(原安三郎)씨는 '그 시대의 최고봉까지 학력도 없이 성공한 분들로부터 배우는 바가 많다. 그들로 부터는 살아있는 인간학을 배울 수 있다'고 말하고 있는데 지당한 이야기가 아닐 수 없다.

　다른 사람들보다 비교적 사교범위가 넓은 나는 정계(政界), 관계(官界), 학계(學界) 등에서도 다양하게 우수한 친구들을 많이 확보하고 있다. 그들은 각자의 특성을 가지고 의욕적인 활동을 전개하고 있다. 그러나 이들도 한 개인으로서의 탁월성, 생활력, 살아있는 인간학적 관점에서 보면 기업의 창업자 오너와 같은 강인성에는 못미치는 듯 하다.

　예를 들면, 사회제도가 와해되고 천변지이(天變地異)가 생기며 기존의 사회적 지위나 재산 등의 가치가 붕괴되어도 틀림없이 어떤 사회에서나 살아남을 수 있을 듯한 분들은 현재의 기업창업자 오너들이 아닌가 생각되는 것이다. 기존의 조직이나 권위의 수혜(受惠)없이 자력만으로 새로운 사업을 일으키고 성공할 수 있는 것은 결코 보통일이 아니다.

## 2. 자칫 2대째는 무능자가 되기 쉽다

그런데, 매년 정초 전후에는 자택에 있을때가 많다. 12월 30일부터 1월 4일경까지는 초예(初詣)에 나가는 일 이외에는 종일 집에 있다. 이때에는 특별한 계획을 전부터 만들지 않는다. 그야말로, 프리타임이다.

나는 나의 거래선 사장들이 평소 자유롭게 포착하기가 상당히 부담스런 존재인듯 싶다. 그러나 이때만큼은 전혀 예정이나 계획도 없고 틀림없이 집에 있는 것을 알고 있으므로 여러분들이 자주 방문한다. 특히 금년은 슈퍼마켓의 창업자 오너들이 많이 찾아왔다. 정초이므로 술상을 마주하면서 즐거운 대화를 나누었는데, 금년에는 창업자 오너들의 이야기 중에 한가지 공통점이 있음을 발견하였다. 이것을 정리하여 기술하면 다음과 같다.

'나에게는 학력이 없다. 무조건 장사에 취미를 가지고 이제까지 노력하면서 살아왔는데, 얼마후에 결산해 보았더니 자기 회사가 이렇게 커졌다. 종업원도 몇천명으로 증가되었다.

그런데, 이 종업원들을 효율적으로 활용하고 커진 회사를 유지하기 위하여 외부로부터 인재를 영입하게 되었다. 이들 인재가 현재 우리 회사의 중역이나 관리직의 대부분인데, 분명히 말해서 전무나 상무들은 스카우트한 인재들이다. 그들은 일류 대학을

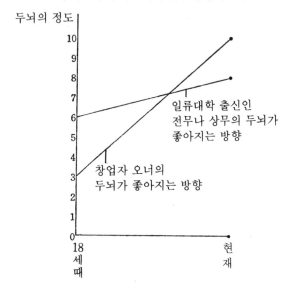

〈그림 1〉 두뇌는 활용할수록 좋아한다

두뇌의 정도

일류대학 출신인
전무나 상무의 두뇌가
좋아지는 방향

창업자 오너의
두뇌가 좋아지는 방향

18
세
때

현
재

졸업하고 대기업체에서 근무했던 우수한 엘리트들이다.

그런데, 학력도 변변치 않고 학교 성적도 그들보다 나빴던 우리가 어떤 이유에서인지 전무나 상무의 언어행동에 마음 상할 경우가 있는 것이다. 솔직히 말하면, 우리쪽의 머리가 그들보다 나은 것이 아닌가 하고 생각할 때가 있다. 인간은 자기를 과대평가하고 남을 과소평가하는 경향이 있으므로 그점을 충분히 계산하는 것이지만 가끔 이같은 생각이 문득 문득 생긴다.

그런데, 우리와 그들 2세들의 머리를 비교해 보면, 아무래도 나의 이같은 사고방식( 우리쪽의 머리가 우수하다는)이 잘못된 느낌이 든다. 그 이유는 전무나 상무들의 자식들은 무난히 일류대학에 진학하지만 우리들 자식들은 열심히 공부해도 겨우 2류대학 밖에 못들어가기 때문에……'

　물론, 이들 창업자 오너들의 최대 고민은 후계자 문제다. '2 대째는 자칫하면 바보 자식이 되기 쉽다'는 비애를 느끼는 창업자들도 상당히 있는듯 하고 정초부터 마신 술김에 나온 자기 비하(卑下)적 발언인지도 모르겠다.

　그래서 나는 이들에게 표 1과 같은 그림을 제시하고 다음과 같이 설명했다.

　'사장님! 당신의 의도는 쉽게 이해됩니다. 인간의 두뇌에는 전두연합야(前頭連合野)라는 부위가 있는데, 이것은 머리만 잘 활용하면 평생 발달을 계속합니다. 이 부위는 이성(理性)이나 지혜를 발달시키는 곳으로, 사고력(思考力), 창조력, 의지력 같은 것은 무한정으로 힘이 증가되는 것으로 알려져 있습니다. 즉, 머리는 활용할수록 더욱 좋아진다. 위의 그림과 같이, 만 18세쯤부터 지금까지 당신은 사업이나 사장이라는 업무 때문에 매일 쉴새없이 무조건적으로 머리를 활용했다. 그래서 이와같이 크게 성장되었다. 그래서 현재의 두뇌 수준을 '10'이라고 가정할 때, 18세때는 '3' 정도에 불과했는지도 모른다. 이와는 달리, 당신 회사의 전무나 상무들은 18세때에 이미 '6' 정도로 머리가 우수했을 것이다. 그러나 당신만큼 사회에 나와 머리를 쓰지 못하였으므로 현재는 '8' 정도 밖에 머리가 성장하지 못했을 것이라고 생각하는 것이 좋을 것이다. 그런데, 당신은 '10'의 두뇌로 '8'의 사람을 보기 때문에 전무나 상무의 머리가 학력에 비해 부족하게 생각되지요. 그러나 대학을 들어가는 18세를 생각해 보면 당신의 아이들은 아마도 당신의 18세 때인 '3'에 가깝다고 생각하는 것이 정확할 것이고 전무나 상무의 아이들은 똑같이 '6' 정도라고 생각하는 것이 정확할 것이다. 무엇때문에 그 이상의 차가 있는지 알 수 없지요.

　그 이유는, 창업자들은 자기 아이들의 유년시대에 사업이 바빠서 부부가 매일 일에 몰두하였으므로 아이들의 지능교육에 태만하기 마련이지요. 이것이 2대째에 가서 자칫하면 무능한 아동이 되기 쉬운 큰 이유인데, 이렇게 생각할 때 당신의 아이들이 일류 대학에 실패하고 전무나 상무의 아이들이 쉽게 합격되는 이유를 알 수 있을 것입니다. 그러나 고민할 것이 없습니다. 당신의 '3'의 두뇌가 '10'으로 성장된 것과 같이 이제부터 아이들의 머리를 십분 활용시키면 반드시 아이들 머리도 성장되어 훌륭한 후계자가 될 수 있습니다'라고.

## 3. 가계(家系)보다는 본성(本性)이 중요하다

인간은 태어났을 때의 지능이 제로(0)지만, 누구나가 140억개의 신경세포, 두뇌의 정도를 결정하는 세포가 대뇌의 '신피질(新皮質)' 속에 똑같이 함유되어 있다.

어떤 방법으로 두뇌를 교육 훈련시켜야 이들 신경세포가 잘 발달되고 머리가 좋아지는가 하는 것은 현재에 와서 거의 알려져 있다. 이것에 대하여는 본서 후편에서 상세히 기술하려고 한다.

분명히 말하면, 가계(家系)보다는 성장과정(본성)이라고 할 수 있다. 지능이 충실하게 자리잡는 유년기에 지나칠 정도로 방임하지 않는 한 학력(學力)보다는 매일 매일의 노력과 머리를 잘 활용하는 것이 그 사람의 두뇌를 좋게 하고 인간성을 높여 인상(人相)도 좋게 할 것이다. 그것이 사회적 지위나 경제적 수입, 즉 행운이나 성공의 패스포오트(passport)이므로 보통의 경우, 평생동안 자기는 머리가 나쁘다고 포기할 필요는 없다. 노력하고 더욱 노력하여 목표를 달성하면 되는 것이기 때문이다.

가계(家系)와 성장기 환경에 대하여 약간 설명하기로 한다.

일반적으로 '가계(家系)'라는 것은 주로 대뇌의 '낡은 피질' 작용에 의한 경우가 많다. 본능이나 정동(情動)은 이 '가계'에 의해 결정된다. 한편, '성장 과정'은 대뇌의 '신피질(新皮質)'에 의한 경우가 많다. 지능·지혜·이성·정조(情操) 등은 '성장 과정'에 의해 결정된다고 생각해도 된다.

나는 회사 안에서도 사원들의 '가계적(家系的)'인 혈통에는 비교적 관대하다. 개를 붙잡아 놓고 '너는 머리가 나쁘다'고 인간과 비교하여 때리는 것과 마찬가지이기 때문인데, 개는 아무리 노력해도 인간보다 머리가 좋아질 수 없다. 그러나 '성장 과정'에 대하여는 철저하게 첵크하고 있다. 지혜나 이성·정조(情操)가 발달함으로써 '가계'적인 결점도 충분히 보완될 수 있기 때문이다.

조금 구체적으로 어떤 것인가를 열거해 보자. '가문(家門)'의 영향은 예를들면 다음과 같이 나타난다. 성격이 활발하며 정력적이고, 침착성이 없거나 매우 조용하다. 또는 양성적(陽性的) 기질, 명랑하거나 얌전하다. 또는 난폭, 소심, 대담, 자주 화내는 성질같은 것들이다.

한편, '성장 과정'이나 환경에서 나타나는 영향은 다음과 같다. 강인성, 실증, 민감, 둔감, 치밀, 거친 태도, 자신감, 우월감이 강하다, 열등감이 강하다, 협동성, 지나친 참견, 사고력이나 판단력의 유무…… 등이다.

이 차이를 충분히 이해하기 바라는 동시에 머리를 충분히 활용하여 명석한 두뇌를 유지하도록 노력하기 바란다.

# 제3장 때에 따라서 스프를 마실수도 있다

## ── '동정심'이야말로 인간성이다 ──

### 1. 암도 자연히 치유된다

나는 시오쓰키(鹽月彌榮子) 여사의 남편인 시오쓰키 마사오 (鹽月五雄)씨를 존경하고 있다. (시오쓰키 선생은 금년 5월 12일 간경변 때문에 58세로 타계했는데, 이 원고를 쓰고 있던 5월 3일에도 나는 병환 중인 것을 모르고 있었다).

시오쓰키(鹽月)씨는 독특한 성격이면서도 양심으로 뭉쳐진 사람과 같았다. 《첫번째 작업은 안락사(安樂死)였다》라는 저서 가 작년에 출판되어 '인간성 문제'에 대해 강한 인상을 남겨준바 있는데, 그는 뇌신경 외과의 학자로서도 여러가지 업적을 남겨놓 고 있다. '동경 메디칼 센터'의 해산(解散)이나 의사면허증의 반납같은 것으로 화제를 불러 일으킨바도 있는데, 그의 저서 《뇌의 역할》(요미우리신문사 발간)에는 재미있고 유익한 지식이 많다.

예를들면, '포르노는 머리를 나쁘게 한다'거나 '암(癌)은 몸의 컨디션이 비정상일때 발생된다=위상설(位相説)이 올바른 것 같지만, 폐암이 무서워서 돌연 금연하게 되면 오히려 폐암이

빨리 된다. 자연스러운 것이 암의 최고 치료방법이다' 또는 '아이
들의 교육에는 동물을 키우는 것이 좋다'는 등의 학자적인 이론
적 설명은 상당히 교육적으로 시사하는 바가 많다.

## 2. 좋아하면 '심한 과로'에도 견딜 수 있다

나는 이 시오쓰키(鹽月)씨로 부터 한가지 매우 중요한 것을
알게 되었다. 이것은 《뇌의 역할》이란 책에 기술되어 있는데
여기에 소개하면 다음과 같다.

"인간이란 아무리 정신적으로 강한 사람도 '믿는 것' '사는
목적'이 없으면 건강을 유지할 수 없다. 인간들이 지도자가 되거
나 삶의 보람을 구하는 이유가 여기에 있다. 이유는 '믿거나 의지
하는 것' '삶의 목적'이 휴식감을 마음속에 만들어 주어 피로감을
회복시키기 때문이다……'라고 .

인간은 리듬으로 살고 있다. 노력과 휴식도 가장 중요한 리듬
이다. 믿는 것과 의지하는 것이 있고 보람있는 일을 하고 있으면
아무리 고달픈 일도 스트레스가 생기지 않고 질병에 걸리지 않는
다. 그러나 정신적으로 꺼림칙하고 양심에 걸리는 행동을 자주
하게 되면 별로 어려운 일이 아닌데도 스트레스가 생겨 발병되는
경우가 쉽게 나타나므로 휴식의 기능과 '호감'과의 관계를 이해
할 필요가 있다. 어쨌든 직원을 활용하여야 될 입장에 있는 사람
들은 충분히 참고해야 될 일이다.

## 3. 에티켓 이상의 동정심 발휘

이와같이 타인에게 스트레스는 주지 않는 것, 즉 양심에 부끄
럽거나 체질에 맞지 않는 것을 강조하거나 치욕감을 주지 않는

것을 '동정심'이라고 말하는데, 이것이야 말로 인간이 인간에 대하여 갖는 최고의 인간성이라고 시오쓰키(鹽月)씨는 말하고 있다.

메이지(明治)시대 초창기, 어떤 유명한 일본 정치가가 영국 군함으로 사령관의 초대를 받아 만찬에 참석했다. 그 파티장에서 그 정치가는 먼저 나온 스프 그릇을 왼손으로 들고 물마시듯이 당당히 마셨다. 이것을 보고 서구식 예의를 알고 있었던 수행 비서는 당황하였고 영국의 해군 장교들도 전부가 긴장되었다. 이때 이 장면을 목격한 영국 사령관이 웃으면서 조용히 그 정치가와 똑같이 스프를 훌훌 마시고 난 다음, 다른 장교들에게도 마실 것을 권고하므로써 즐겁게 파티가 끝났다고 한다. 이와같이 때로는 파격적으로 에티켓을 뛰어넘어 상대편에게 치욕감을 주지 않는 '동정심'이야 말로 '이성(理性)과 정동(情動)'을 가지고 있는 지혜있는 인간들이 살아나가는 훌륭한 태도인 것이다.

## 4. 동정심이야 말로 인간성의 근원이다

인간은 누구나가 '때에 따라 스프를 마실수도 있다'는 동정심을 가질수도 있다. 그 이유는 '동정심'이 인간의 따뜻한 감정이고 인간에게는 정동(情動) 뿐이 아니라 다른 동물에 없는 정조(情操 : 지적이며 고차원적인 고등 감정)까지 있기 때문이다. 그러나 '때로는 비정(非情)해 보자'는 경영 원칙도 있고, 동정하고 측은히 생각하는 마음이 있어도 이것을 실천에 옮기기까지에는 일반적으로 용기와 노력이 필요하게 된다. 이와같이 '동정심'은 인간성의 근본을 나타내는 것이다. '동정심'을 충분히 발휘하고 실천될 수 있도록 항상 인간으로서의 능력 확충에 노력하는 것이 바람직하다.

# 제 4 장 아내를 미인으로 만드는 것은 남편의 보람

── 미인의 조건 '지혜' '교양' '봉사' ──

## 1. 우리 회사는 미인뿐이다

우리 회사의 여성 사원중에 미인이 많은 것은 나의 자랑이다. '선생님의 사무실을 방문했을 때 느끼는 것은 여성 사원 모두가 친절하고 아름답다는 것인데, 그 회사에는 미인들만이 지원하는지요, 아니면 미인만을 채용하기 때문인가요.' 라고 고객들에게서 질문받을 때가 많다.

우리 회사의 여성 채용 기준에는 특별히 미인이어야 된다는 원칙이 없다. 그러나 입사한 이상 어떤 여성도 미인이 되도록 노력하는 것은 사실이다.

## 2. 결혼하면 여자는 추녀(醜女)가 되는가?

1965년경이라고 생각되는데, 나는 심리학을 연구하고 있는 어떤 경영인으로부터 경영 강습회에서 3가지 질문을 받았다.

'독신일때는 여성이 매우 아름답다. 그러나 결혼하면 일반적으로 아름다움이 급속도로 없어지는 경향이 많은 것은 어떤 이유인가?'

'정년이 되자마자 급속도로 늙어버리는 사람이 많다. 그리고 중년 이후에 부인이 먼저 사망하면 남편이 급속도로 초라해진다. 통계적으로 부인의 뒤를 따라 죽는 남편이 많다는데, 어떤 이유인지?'

'정치가나 경영자, 또는 소매점 진열대에서 장사하고 있는 부인들은 항상 젊어보이고 아름답다, 어떤 이유인지?' 라고.

당시, 나는 시스템 공학적 관리론자였고, 인간이란 '감정도 개성도 없고, 어느 특정의 직장을 어떤 필요한 수준까지 맡은바를 수행하는 존재다'는 주류파(主流派) 경영학적 발상을 갖고 있었다. 그런데, 이에 대해 실무가들로 부터 그 헛점에 대해 질문을 받은 것이다. 이제 여기에서 이 3가지 질문에 대하여 모범적인 답안을 쓰려는 생각은 없다.

당시의 나의 생각은 잘못이였다고 분명히 말할 수 있다. 인간이 새로운 경험을 축적하고 새로운 지식을 터득하며 여기에서 지혜를 만들고 있는 단계, 즉 '신피질'인 신경세포를 개발하여 두뇌가 좋은 단계에서는 젊음이 넘치고 깨끗하며 활기차다.

'삶의 보람', '성취 의욕'이 인간을 젊게 하고 아름답게 하는 이유가 이것때문이고, 이것이 없으면 돌연히 노화되는 것도 똑같은 이유때문이다.

따라서 결혼해도 부인이 아름다움을 유지하도록 하려면 '삶의 보람'이거나 '성취 의욕'을 주어 그녀가 끊임없이 새로운 경험이나 지식에 도전하려고 하도록 하는 것이 좋다. 일반적으로 주부의 자리에만 집착하면 지식이나 경험, 지혜에 도전할 기회가 감소되며, 연령적인 노화(老化)를 지성적으로 보완할 수 없으므로 젊음을 유지하기 어렵게 된다.

정년(停年)이 되면 목표가 없어지고, 삶의 보람이나 의욕이 상실되므로 급속도로 노화가 촉진되며, 정치가나 경영인, 점포를 경영하는 부인들이 활기찬 것도 같은 이유에서이다.

인간의 신체를 구성하고 있는 각종 세포는 20세경 부터 감소하기 시작한다. 이것이 노화이고, 죽을 때까지 새롭게 개발되는 것은 대뇌의 '새로운 피질' 뿐이다. 노화를 중단시키고 아름다움, 젊음, 활력 등을 유지하기 위하여는 무엇보다 지혜의 향상에 도전하지 않으면 안된다고 할 수 있다.


## 3. 여사원은 회사의 거울


이와같은 이유로 우리 회사에서는 남성보다도 '삶의 보람'이나 '의욕'에 민감하게 반응하고 그것이 얼굴과 몸에 나타나기 쉬운 여성 사원을 미인으로 만들려고 노력하는 것이고 사실상, 입사 후 6개월 정도 지나면 여사원 대부분이 매우 아름다워진다.

최근 동경 긴자(銀座)에 있는 '마쓰야(松屋)백화점'은 업적이 매우 훌륭하다. 나는 리뉴얼(Renewal)계획에 의해 가끔 이 백화점을 방문하는데, 여사원들이 최근 반년 사이에 괄목할 정도로 활성화된 점에 놀라울 때가 있다. 백화점의 활성화가 성공되어 고객도 부쩍 증가되었다. 매상고도 신장되었다. 매일 매일 즐거움이 넘쳐 흐르고 있다. 당연히 의욕과 지혜가 용솟음치고 있다. 그 결과 젊음이 넘쳐 흐르고 쾌활하며 아름다워지고 있으므로 마쓰야(松野) 백화점의 장래는 희망적이라고 즐거워한다. 여러 가지 회사를 방문할 때가 많은데, 입사하고 반년이나 1년 후에

젊은 여성을 관찰하면 그 회사의 업적이나 인력관리 내용을 그것만으로도 충분히 알 수 있다.

여사원들에게 단순 작업만을 시키면서 인간적인 배려(새 지식과 경험에의 도전, 자유, 책임, 자주성 등)가 소홀한 회사들은 여사원이 한결같이 생기를 잃고 있다. 서비스도 나쁠뿐만 아니라 관심이나 인정같은 것을 찾을 길이 없다. 가장 분명히 나타나는 것은 미인을 찾을 길이 없다는 것이다.

## 4. 성공인의 부인은 모두 미인?

지금까지의 설명에 의해 아내를 미인으로 만드는 것은 남편에 의해서라는 것을 이해할 수 있을 것이다. 얼마 전, 지방 백화점에서 두각을 나타내고 있는 가와고에(川越)시 마루히로(丸廣)백화점의 오쿠보(大久保) 사장 부부 그리고, 나가노(長野)시에서 유명한 마루히카리(丸光) 백화점의 나가자와(長澤) 사장 부처와 함께 회식한 일이 있었다.

나가자와(長澤) 사장 부인은 현재도 백화점의 매장에서 직접 물품의 구입과 판매를 맡고 있고, 그녀는 활기 넘치는 젊음을 과시하면서 근무하고 있다. 한편, 오쿠보(大久保) 사장 부인은 결혼한 이래 집안에서 주부역만 맡고 있다. 그러나 60세가 가까우면서도 40대로 보인다. 나가사와(長澤) 사장 부인과는 다른 의미에서 우아하며 침착, 단아(端雅)하고 젊음이 넘치는 아름다움을 지니고 있다.

솔직하게 '두 부인 모두가 너무나 미인이어서 주인들은 행운아들입니다'라고 합석했던 우리 회사 후지모토(藤本) 실장에게 말했더니, 예리한 관찰안(觀察眼)을 가진 그는 '사업적으로 성공한 분들의 부인들은 한결같이 미인이지요, 그리고 나이보다 젊게 보이고 활력이 넘칩니다. 아내를 미인으로 만드는 것도 남편들의 한가지 목표지요'라고 말하는 것이었다.

## 5. 목표는 좋은 인상(人相)과 아름다운 아내

월간지《보석(寶石)》의 4月호에 '성실치 못한 월급쟁이는 왜 스포츠 신문만 보는가?'라는 제목 밑에 시로야마(城山三郞)씨와 이토오(伊藤肇)씨의 대담기사가 게재되어 있다.

그중에서 이토오(伊藤)씨가 '독서 습관이 있으면 나이가 들어도 젊어보이고 늙지 않는다'고 말하고 있는데, 누구나가 교양서적을 읽으면 지혜와 교양이 정신을 풍요롭게 하고 봉사하려는 마음이 생기며 좋은 인상을 갖게 하는 것이다.

링컨은 '40세가 지나면 자기 얼굴에 책임을 가져라'고 했는데, 얼굴만 보아도 그 사람의 인격·식견(識見)·성격 등을 대략 알 수 있는 것이다. 모든 사람은 인상학(人相學)의 대가(大家)들이고, 나이가 들면 자연스럽게 타인의 마음을 간파(看破)할 수 있는 능력을 지니고 있다고도 할 수 있다.

이점에서 볼 때, 여러 사람들이 '저 사람은 좋은 인상(人相)이다. 젊음이 넘치고 우아하다(여성이면 미인이 된다). 더구나 만날때 마다 상(相)이 좋아지고 깨끗하다'고 평가할 수 있는 얼굴 모습을 갖는 것이 인간에게 있어서는 한가지 성장 목표라고 할 수도 있을 것이다.

현대의 뇌생리학이나 심리학에서도 지혜를 닦고, 교양을 쌓으

며 세상을 위해 봉사하면 인상(人相)이 좋아지고 우아해진다는
것이 거의 확인되고 있고 무엇보다 사회적인 현상(現象)이 이것
을 증명하고 있다. 이렇게 볼 때, 예를들어 영리(營利)를 추구하
는 기업도 사내 근무를 통해 종업원의 인상이 깨끗하고 그리고
활기차게 보여야 된다. 이것이 기업의 2대 목적이라고 하는 공기
성(公器性)과 교육성(敎育性)의 달성 결과이어야 한다. 마찬가
지로, 남편들은 아내의 인상이 좋을 뿐만 아니라 미인이 된다고
도 말할 수 있을 것이다.

여기에서 잠깐 이야기를 바꿔서 생각해 보자. 인상이 비슷한
부부란 말이 있다. 장기간 동거생활을 하게 되면, 부부가 매우
비슷해진다. 이심전심(以心傳心)으로 의사가 통한다. '여보'
'이것' '저것' 만으로 모든 것이 소통된다. 생각이 비슷해지는
것도 쉽다.

이것은 회사에서도 비슷하다. 장기간 상사를 모시고 있으면
그에 대해 알게 되고 자기도 모르게 닮아져서 상사와 비슷하게
된다. '모든 사원은 사장의 영상(映像)이다'란 말이 있는데, 참으
로 그럴 경우가 흔히 있는 것이다.

어쨌든 부부간에 있어서는, 보통 주도권을 쥐고 있는 남편에서
볼 때, 아내의 얼굴은 비친 자기 얼굴의 영상(映像)이라 해도
무리가 아닐 것이다. 10년, 20년 같이 생활하게 되면 완전히 일체
화(一體化)된다고 말할 수 있다. 이같은 논법에서 볼 때, 부인을
미인으로 만들지 못하는 남편은, 뭣보다도 그 사람 스스로가
지혜와 교양의 향상에 노력하고 있지 않고 이 세상을 위해 봉사
하려고 하지 않는다는 것이 된다. '성공하는 사람의 부인은 모두
미인이다'라고 하면 뉘앙스가 약간 이상하지만, 이것은 올바른
견해라고 해도 될 것이다.

# 제5장 사람에게 반하면 어울리게 된다

―― 행운은 자기의 객관화에서 온다 ――

## 1. 결혼 피로연에서의 두가지 축원

나는 결혼을 성사시키는 중매인을 우러러 볼 때가 많다. 그 이유는 내가 젊은 남녀 사이에서 중매하는 재능이 없고 이것을 성격상 못하기 때문이다. 어떤 사람들을 위해 봉사한다는 것은 매우 좋은 일이다. 시간적으로 융통성만 있다면 신랑, 신부를 도와주고는 있으나, 나는 피로연 자리 참석, 중매인으로서 다음 두가지를 신혼 부부에게 요망하고 있다.

'……그런데, 중매인으로서 또 인생 선배로서 젊은 부부에게 두가지 부탁이 있습니다. 그 하나는 가능한 한 다양한 많은 사람들이나 여러가지에 대하여 호기심을 갖기를 바랍니다. 인간이란 타인의 기분을 잘 느낄줄 아는 동물이다. 어떤 사람을 좋아하게 되면 그 사람한테서도 호감을 받게 된다. 반대로 싫어하면 그 사람도 싫어하게 된다.

이같은 사실은 심리학적으로 증명되고 있는 것인데, 인간이란 좋아하는 사람을 위하여 여러가지 그 사람에게 플러스가 되는 일을 하게 된다. 도움을 주는 사람, 행운이 있는 사람, 부침성이 있는 사람 등은 상당히 많이 제3자에게도 매력을 갖게 되고 호감을 가질 수 있는 사람들이다. 그러니까 다양한 사람들로부터 행운이나 도움같은 것도 얻을 수 있게 된다.

한편, 붙임성이 없고 어울릴 수 없는 사람은 그와 반대로 타인을 좋아할 수 없는 사람이라고 할 수 있을 것이다. 또 어떤 일에도 흥미가 있고 좋아하게 되면 단시간에 능률이 상승된다. 호감이야 말로 능력 향상이고 자신감도 갖게 된다. 자신감은 성공과 직결된다. 어쨌던 모든 일에 호감을 갖는다는 것은 이와같이 어울리게 되는 원점이라고 할 수 있다.

이점을 반드시 기억하기 바란다.

다음으로, 두분은 현재 매력을 느끼고 있고 좋아하고 있는데, 이 기분과 감각을 영원히 간직하기 바란다. 그러기 위하여는 다음의 3가지 중 한가지를 반드시 지켜 주기 바란다.

첫번째는, 1주일에 한번 이상 반드시 목욕탕에 같이 가서 교대로 몸을 씻겨주기 바란다. 반드시 새로운 애정이 용솟음칠 것이다.

두번째, 부득이한 사정으로 외박하게 될 경우나 떨어져 밤을 지낼 경우에는 반드시 전화를 통해 이해를 얻어야 된다. 이것은 상호간에 책임을 느끼고 있다는 확인이며 공동 의식이기 때문이다.

세번째, 한달에 한번 정도는 반드시 두분이 같이 무드있는 레스토랑에서 조용히 저녁 식사를 즐기기 바란다. 제3자가 있는 자리에서 단둘이 즐겁게 식사한다는 것은 뜨거운 연대감을 강화시켜 주기 때문이다. 이 3가지 요소중 한가지 이상은 현재의 '행복' '감격' '유대감'을 지속시키기 위해서도 필요하고 실천 가능한 것이다. 지속적인 행운은 인생을 훌륭히 살게 하는 핵심이다. 이것을 망각하지 말고 반드시 실천하게 바라마지 않는다."
라고.

　나의 기대를 실행하고 있는지는 모르나, 내가 중매한 부부들은 모두가 행복스럽게 결혼생활을 유지하고 있다. 나도 3가지 항목중 전화 통화만은 반드시 지키고 있다.

## 2. '붙임성'(교제)은 자기 스스로가 만드는 것

　나는 '붙임성'이란 것이 자기가 만드는 것이라고 생각하고 있다. 그것은 전술한바와 같이 ① 지속적인 '붙임성'을 계획하는 것 ② 제3자로 부터 '붙임성'의 원인를 받아들이는 것 ③ 자기 스스로가 '붙임성'의 재료를 만드는 것 등이다.

　우선 지속적으로 '붙임성'을 유지하려면 끊임없이 어울렸을때의 감격을 망각하지 않도록 하는 것이 바람직하다. 그러기 위하여는 기억을 지속시키는 행사가 필요하다. 부부가 같이 목욕탕에 들어가거나 무드있는 레스토랑에서 둘이 식사하는 것도 여기에 해당된다.

　다음으로 '붙임성'의 원인을 제3자로부터 받아들이려면 자기 스스로 먼저 제3자에게 '붙임성'의 원인을 제공하면 된다. 일반적으로 인간은 자기를 과대평가하고 제3자를 과소평가하기 쉽다. 따라서 둘이서 대화할 때, 제3자를 화제에 올리는 경우, 서로가 과소평가하고 있는 사람이 대상이므로 이야기가 잘 진행된다. 뜬 소문, 비판, 험담, 떠돌아다니는 정보같은 것이 몇사람이 모인 화제의 중심이 되고, 주간 잡지의 재료가 되는 것은 이같은 이유 때문이다.

　그러나 상대방을 눈 앞에 놓고 직접적으로 하고싶은 이야기를 하고, 직접 듣기 위하여는 상당한 노력이 필요하게 된다. 인간은 자기를 과대 평가하고 타인을 과소평가하는 것이 일반적이므로 직설적으로 생각한 바를 상대편에게 말하면 대부분 상대편이 노발대발한다. 또 직접 듣게되는 듣기 싫은 말은 분노를 유발한다. 이것들은 정동적(情動的)인 반응인데, 만일 이성(理性)적으로 잘 억제하려 해도 위장이 불편해져 몸에 나쁜 영향을 끼치는 것이다.

그래서 얼굴을 맞대고 상대편에게 말할 때는 겸손하거나 겉치레 인사를 하게 된다. 이것은 말하는 편에게 있어서도 재미스럽지 못하고 겸손이나 겉치레로 말할 수 밖에 없는 상대편에 호감이 생기지 않는다. 그뿐 아니라 오히려 싫어하게도 된다.

그렇지만, 인간이란 아주 친한 사람이나 가족에게는 직접적으로 이야기를 할 수 있고 상대편도 그것을 들어준다. 이와같이 직접적으로 말해서 상대편이 들어줄 때도 그 상대에게 호감을 갖게 된다. 또 좋아하게 되면, 그 사람을 위해 보탬이 되고 같이 어울리고 싶은 느낌을 갖게 되는 것이 인정이다.

이와같은 것을 다른 관점에서 본다면, 상대편에게 직접적으로 말할 수 있고 또는 상대편에게는 직접적으로 들을 수 있는 조건을 생각하면 된다. 그러기 위하여는 자기가 자기의 문제를 제3자적인 관점에서 볼 수 있거나, 객관적으로 관찰할 수 있을 때, 상대편의 직접적인 이야기를 담담하게(화내지 않고) 받아들일 수 있게 된다.

그리고 상대편에게 황홀할 정도 반하게 되고 전폭적으로 믿고 좋아하게 되면 상대편 말을 무조건적으로 듣게(수용하게) 된다. 말하자면 자기 주관(主觀)의 객관화(客觀化)와 제3자에게 매력을 느낀다는 것은 스스로가 남과 어울리게 되는 근거를 갖게 만드는 것이다. 내가 '다른 사람에게 말하면 어울리게 된다' '개운(開運)의 비결은 객관화(客觀化)다'라고 하는 것은 이같은 이유에 의한 것임을 독자들도 이해하리라 생각한다.

집단욕(集團欲)이라는 인간의 본능은 타인의 기분을 직접적으로 받아들이고 자기 느낌을 그대로 상대편에게 되돌려 주고 싶은 심리를 인간에게 만들었다.

다른 사람을 칭찬하면 나에게도 칭찬이 되돌아본다. 험담도 마찬가지다. 전화할 때도 이쪽에서 목소리가 커지면 순간적으로 그쪽도 언성이 높아진다. 웃으면 그쪽도 웃는다. 마치 거울에 비치는 자기 모습처럼 상대편으로 부터 반응이 오기 때문에 나는 이같은 현상을 심리적 '거울의 원리'라고 말하고 있는데, 이 원리를 알고 있으면 인간을 부정하거나 험담, 심술궂음 같은 것이 얼마나 자기 인생에 있어서 손해인가를 잘 알수가 있다.

다른 사람으로 부터 호감을 받지 못하거나 불행하다고 하는 것은 뭣보다도 자기의 책임인 듯 싶다. 어울릴 수 있는 근거를 이 원리에 따라 제3자에게 보내고 그리고 이루어지도록 하는 것이 현명하다는 것은 이제까지의 설명으로 이해될 것이다.

세번째로 자기 스스로가 어울릴 수 있는 근거를 만들려면 자신감이 있는 것부터 하나씩 하나씩 축적시키는 것이 필요하다. 그리고 자신감을 가지려면 좋아하는 일에 몰두하고 한가지 기술에 탁월한 것이 가장 중요하다.

제1장에서 천직 발상(天職發想), 즉 현재의 자기 일이 자기에게 있어서 천직이라는 발상을 갖도록 권고하였는데, 흥미있고 호감이 가면 인간이란 누구나 그 일에 유능해지고 급속도로 기술이 향상된다. 다른 사람에 비해 이것이 확인되면 자신감이 생긴다. 이 때, 우쭐하여 남을 깔보게 되면, 유능하지 못하면서도 한가지에만 자신력이 있고 타인과의 격차 이유가 다만 자기의 흥미나 호감의 정도, 그리고 노력의 효과도(效果度)에 의한 것임을 조금 반성하면 알게 되므로 일반적으로는 남을 무시하는 인간이 되지

는 않는 것이다.

## 3. 일류 대학도 이렇게 하면 합격된다

나는 사업적인 습관인지 모르지만, 고문을 맡고 있는 각 기업체의 사장명, 성격, 경력 또는 그 회사 업적, 영업내용, 더욱 세부적으로 영업소나 점포의 위치, 각 지점의 매상고, 상품구성의 내용까지도 한번 보거나 듣게 되면 망각하는 일이 없다. 그래서 제3자들은 '무서운 기억력의 소지자'라고 흔히 말한다.

그러나 1965년도 쯤에 인후통때문에 수술한 후, 노래를 부를 수 없게 되자 몇번 들어도 노래 가사는 기억할 수 없게 되었다. 아내로 부터 '당신처럼 기억력이 좋은 분이 어째서 수십번 같은 노래를 들어도 가사를 기억하지 못하는지 이상하군요'라는 말을 자주 듣게 되는데, 나의 두뇌 사령탑은 가사의 기억은 불필요하므로 전혀 신경을 쓸 필요가 없다고 가사 기억장치가 작용되지 못하게 한 것 같다. 흥미가 없거나 틀렸다고 생각될 때는 아무리 노력해도 효과와 연결되지 못한다는 것이 나의 이 경험에서도 충분히 증명되고 있다.

시험 공부의 효과에서도 필요성, 흥미, 호감의 정도 등이 중요한 핵심인데, 자녀들을 일류대학에 입학시키는 문제도 부모나 친구, 선생님 등, 주변 사람들이 일류대학에 입학할 필요성을 설득하고 본인이 굳은 신념을 갖는 것이 가장 중요하다. 그 다음에 시험공부에 흥미를 갖게 되고 공부에 즐거움을 갖게되면 우선 합격할 가능성은 있다고 생각할 수 있다. 왜그러냐 하면, 중고등학교의 학생 때, 부러울 것이 없는 환경에 있으면 일류대학에

진학할 필요성 등을 누구나 느끼지 못할 것이고 시험공부처럼
흥미는 약간 있어도 재미없고 좋아하기 어려운 일은 다른 어디에
도 별로 없다고 생각되기 때문이다.

　이렇게 생각할 때, 우리들 인간은 훌륭한 삶의 방법에 대하여
다시 한번 모든 것을 재검토할 필요가 있을 것 같다.

# 제 6 장 지키기 위해서도 철저한 공격을

## ── 싸움의 승리방법, 목표와 집념 ──

### 1. 15세에 알 수 있는 싸움의 비결

서장(序章)에서 말한 바와 같이, 나는 한사람의 호모 스털티시므스로서 한가지 싸움 철학을 가지고 있다. 최근에 와서 나는 거의 싸움에서 패배한 바가 없다. 사업적인 점에서나, 경쟁을 지도하는 어드바이즈에 있어서도 지난 10여년간 연속적으로 승리를 획득했다. 그 이유는 뭣보다도 나의 싸움 철학에 있는듯 하다.

국민학교 때, 몸이 비교적 작고 소심했던 나는 누구보다도 싸움에는 매우 허약했다. 허약했다기 보다도 싸움을 하면 질것이 분명하므로 항상 회피했다. 그러나 중학교 시절에는 싸움을 피하는 자기자신에 대한 혐오감에 견딜 수 없어 오히려 이쪽에서 싸움을 걸었다. 몸은 작은 편이지만, 시골 농사일로 단련되었으므로 서서히 싸움을 하게 되자 팔에도 힘이 넘쳐 흘렀다. 그러나 뭣보다도 철저한 집념과 정신력이 승리의 핵심이란 것을 터득하기에는 시간이 얼마 걸리지 않았다.

똑같은 인간이다. 몸의 크기는 다소 차이가 있으나 상대편이 항복했다고 할때까지, 물고 늘어져 싸움을 계속해야만 결국 승리한다는 것도 14, 15세 때 터득했다. 그뿐만이 아니라 다른 사람들 모르게 육체적 단련을 계속해 왔으므로 지금도 순간적 파괴력은 상당한 정도에 이른다고 자부하고 있다.

고등학교 시절 이후에는 거의 육체적인 싸움을 경험한 바가 없다. 그러나 사회인이 되면서 지적(知的), 정신적인 싸움의 세계에 나도 모르게 들어서게 되었다. 그리고 35세경 까지는 어느 편이냐 하면 승리보다 패전이 많았다. 완전한 패배로 인생을 포기할까 하는 생각까지 가진 일이 한번 있었다. 이와같은 시련과 고통속에서 생존해 온 것은 중학교 시절부터 기억하고 있는 '포기하지 말고 철저히 물고 늘어져라. 결국은 집념이다' 라고 하는 싸움의 후나이식 발상 덕택이다. 이런 사고방식에 따라 사회생활에서 터득한 여러가지 지식과 경험이 가미되어 후나이(船井)식 투쟁 철학이 완성된 것이다.

## 2. 최고의 투쟁 방법 — 공개주의와 정공법

인간이 과거를 잊을 수 없고 원통한 일을 포기할 수 없는 동물인 이상, 다른 사람의 원한을 살수 있는 행위를 피하여야 되고, 스스로도 다른 사람을 원망하는 입장에 서려고 하지 않는다. 그렇다고 이 세상에서 경쟁이나 분쟁을 없앤다면 우리의 인간성을 부정하는 것이 되므로 이것도 문제가 되는 것이다. 그러므로 슬기롭게 경쟁하거나 싸우는 방법밖에 없는 것이다. 가능한 한 자기와 상대편의 마음에 불쾌한 응어리를 남기지 않고 서로 상대편을 존경하면서 싸우는 것이야말로 현명한 생각이라 할 것이다.

그 결과로 나는 공개주의와 정공법(正攻法)이 최고라는 것을 알게 되었다. '나에게는 이만큼의 전투 능력이 있다. 그러므로 이렇게 할 것이고 여기에서 이렇게 공격하겠다'고 상대편에게 공개하고 당당히 싸우는 것이다.

그러나 다시 생각하면, 가능한 한 싸우지 않는 것이 최고다. 이와같이 싸우지 않고 끝낼 수 있거나 공개(公開)주의 또는 정공법을 실천하기 위하여는 자기 능력을 저축하여야 된다. 전투력만 있으면 이쪽에서 싸움을 걸지 않는 한 감히 상대편에서 먼저 싸움을 유발할 가능성이 없기 때문이다.

여기에서 문제는 '싸움의 유발'인데, 장기적인 안목에서 볼 때, 싸움이나 경쟁은 먼저 유발한 편이 결국 지게 된다. 그리고 싸움을 걸 경우는 결과적으로 상대편 마음뿐이 아니고 주변의 관련자들까지 원한을 갖게 하므로 일시적으로 승리해도 결국은 고립되고 반발이 생기며 망하게 된다. 일반적으로 싸움을 거는 것은 승리에 대한 자신감과, 지금이 기회라고 생각하기 때문일 것이다. 따라서 일시적으로는 승리한다. 그러나 '원한을 갖게 되고 심리적인 굴복이 아닌, 외관상의 패배자'인 경우, 승리자에게 얼마나 중대한 사실인가 하는 것은 과거의 전쟁과 그 결과가 우리에게 증명하고 있다. 이렇게 생각할 때 싸움이란 것은 이쪽에서 먼저 도발할 일이 아니란 것을 충분히 이해할 수 있을 것이다.

## 3. 싸움을 걸면 상대한다

그러면 싸움을 걸어 오거나 본의아니게 하게 됐을 때는 어떻게 대처할 것인가? 이런 경우는 전술한바와 같이, 상대편이 자신감을 가지고 싸움을 일으킨 것이므로 대처 방법은 간단하다. 즉 싸움을 받아주면 된다. 변화야 말로 불변의 원칙인 것이다. 얼마 후, 환경이나 조건은 변하게 되어있다. 중도에서 포기하지 않고 끈질기게 버티고, 원망하는 마음만 없으면 싸움을 받아준 편에서 승리한다.

싸움이란 장기적인 안목에서 볼 때, 일시적인 대의명분(大義名分)보다도, 원망하는 마음이 깊고 집념이 강하면서 지속적인 편이 결국 승리한다. 이 원리만큼은 꼭 기억하기 바란다. 싸움이나 경쟁에 있어서의 기본적인 사고방식은 이제까지 설명했다. 그러나 구체적인 대처 방법에 관하여는 《후나이식 경쟁법》을 참고하기 바란다.

## 4. 전문화, 생력화(省力化)는 이미 옛말이다

나는 1965년대 초반에 경영 컨설턴트로써 자주 실패했다. 연속적인 실패가 겹치고 자기 능력에 실망하자 여기에서 포기하려는 생각도 몇 번 있었다. 나와 같은 회사에 찾아오는 거래처들은 업적이 비교적 좋은 편이고 이 업적을 계속 유지하려는 비율이 30% 정도 된다. 그리고 경험한 바가 없으므로 불안하기 때문에 성공시키려고 하는 것이 30%이고 나머지 40%는 경영 내용의 악화로 방법을 모색하지 않을 수 없고, 어떤 개선을 바라는 의뢰가 많다.

이 중에서 가장 중요한 것은 업적의 악화나 환경의 악화를 중단시키고 개선 및 향상시키는 컨설팅이다. 경영 컨설턴트로서 미숙한 때문이었겠지만, 경험 부족일 때는 이런 문제에 대하여 이미 기술한바와 같이 나는 여러번 실패를 거듭했다. 그 이유는 정공법으로 대결하지 못하고 회피하였기 때문이다.

'상품의 무리한 판매, 생력화(省力化 : 노동력 감소를 위한 기계화, 무인화[無人化]의 촉진), 재고(在庫) 줄이기' 등의 수법으로 경영을 개선시키려는 것이 실패의 원인이었다. 그러나 이것들은 경영학의 교과서나 경영개선법에도 씌어 있고 어떤 점에서는 보기에 따라 경영개선의 올바른 방법인 것처럼 보인다. 또 성공한 실례도 있다.

그러나 나는 실패했고 지금처럼 경영 환경이 악화되면 이러한 방법으로 성공 가능성은 거의 없다고 생각한다.

최근 수년간 나는 '전문화, 성력화(省力化 : 노동력 감소를 위한 기계화, 무인화(無人化]의 촉진), '재고 줄이기'는 이미 옛말이다. 고도성장 시대라면 몰라도 이같은 낡은 경영개선법으로는 오히려 폐업을 앞당길 뿐이다'라고 주장하여 왔다.

그 이유는 무엇인가? 나의 저서 중에서 특히 《후나이식 경영법》《승리하는 경영, 승리못하는 경영》《유통혁명의 진실》을 참고하기 바라며, 한마디로 말하면 경영이나 싸움, 경쟁같은 것은 도망치면 안되는 것이다. 옛날부터 많은 전략(戰略) 서적에 있듯이 퇴각할 때, 적군보다 3배의 전투력이 없으면 전부 몰살 당하기 십상이다.

성벽이 있어 지킬 수 있는 경우는 모르나, 성벽이 없는 동일조건에서 공수(攻守)를 생각하면 지키는 쪽은 기력적(氣力的)으로 공격측의 $\frac{1}{3}$ 정도 밖에 힘을 발휘할 수 없다. 또, 도망치는 경우는 공격측의 $\frac{1}{10}$로 힘이 떨어진다.[이 원리는 내가 사업을 통해 경험적으로 얻은 상식인데 최근에는 심리학적, 경영학적 시뮬레이션(simulation)에서도 이것이 옳다고 증명되고 있다].

전문화(專門化)란 이제까지의 취급품목을 무리하게 팔아치우는 것이다. 이것은 도망치는 것과 같다. 생력화(省力化), 재고 줄이기도 마찬가지다.

1960년대 전반에서의 나의 컨설팅은 말하자면 경쟁 상대보다 3배의 전투력이 있어도 도망할 경우 전멸하는데도 불구하고, 상대편 보다 허약해 경영 개선이 요망되는 편, 말하자면 전투력

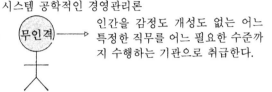

〈그림 2〉 경영학의 주류는 변한다

현재까지의 주류(主流)
시스템 공학적인 경영관리론

**무인격** ⟶ 인간을 감정도 개성도 없는 어느 특정한 직무를 어느 필요한 수준까지 수행하는 기관으로 취급한다.

앞으로의 주류(主流)
행동과학적인 인간성 존중론

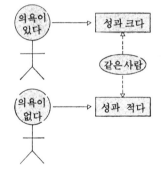

의욕이 있다 ⟶ 성과 크다

같은사람

의욕이 없다 ⟶ 성과 적다

이 허약한 쪽에 후퇴를 권유했으므로 실패는 당연한 것이었다.

이같은 사실에서 최근에는 수세에 몰렸을 때, 또는 허약할 때일수록 강력하게 공격하는 방법을 연구하고 이론적으로도 뒷받침 했다. 이것이 유통업계에서 유행되고 있는 소위 후나이(船井)이론이라는 것인데, "총합화(總合化), 인간의 투입(投入), 물질의 투입" 등의 방법으로 나는 과거 10년간 수백개의 기업을 위기에서 구출하여 왔다. 재미있는 사실이다.

그것은 한마디로 말해서 인간성에 따른 '의욕'과 '삶의 보람'을 중심으로 한 것으로 수세나 도망할 입장에 도달했을 때야말로 공격해야 된다는 발상에 따라 만든 것이다. 그리고 그 무기는 목표와 집념이고 전문적으로 표현하면 '행동과학적 인간성 존중 경영'이라고 할 수 있다.

## 5. 경영학의 주류(主流)는 변한다

현재 일본의 경영학은 ① 모든 일본의 교양 수준 향상이나 인간성 존중에의 자각 ② 고도 성장시대가 끝나고 저성장 시대가 됐다는 두가지 이유때문에 크게 변화될 것으로 보인다. 이것은 그림 2의 설명과 같이 시스템 공학적 경영관리론이 가지고 있던 주류(主流)가 행동과학적 인간성 존중론에게 자리를 양보하게 되었다는 점이다. 그리고 이것은 틀림없는 시대적인 조류인것 같다.

# 제 7 장 인재 양성은 예의범절로부터

── 자유 · 책임 · 신뢰의 중요성 ──

## 1. 사업가의 최대 애로점은 봄 휴가와 여름 휴가

학교가 장기간 휴가에 들어가는 봄 휴가나 여름 휴가는 우리들 경영 컨설턴트에게 있어서 1년중 가장 골치 아픈 계절이다. 비행기표나 기차표를 구하기가 어렵기 때문이다. 경영 어드바이즈란 것은 시간적으로 매우 제약을 받는 경우가 많다. 즉시, 현장에 찾아가서 실무적인 자문 역할을 하여야 될 우리 제일선 컨설턴트에게는 초조감이 생겨 어느때는 개점 휴업이 될 때도 있다.

오래 전부터 미리 예정이 잡혀 있으면 승차권 구하기가 쉽지만, 이 경우도 휴가시는 기차나 비행기 안도 매우 복잡하다. 예의범절과 공중 도덕같은 것을 아이들에게 교육시키지 못한 부모들, 예의범절을 모르는 아이들 때문에 신경은 날카로워지고 지긋지긋한 싫증을 느끼게 된다. 이것은 우리들 경영 컨설턴트뿐만이 아니라 다른 비즈니스맨에게도 공통된 고민이다.

서구의 선진국에서는 이러한 혼잡성을 찾아보기 어렵다. 아이들과 함께 여행하는 경우가 거의 없고 여행할 때도 제3자에게 부담을 주지 않는다. 그들은 대중들 앞에서 조용하고 예의 바르다. 그리고 어른들은 다른 사람의 아이들에 대하여도 연대책임을 가지고 주의를 환기시키고 예절을 가르친다..

아이들은 인간의 자식일지라도 아직 이성이 충분하게 발달되지 못했으므로 원숭이와 비슷하다. 미래에 우리들의 뒤를 계승하여 훌륭한 인간이 되도록 하려면 어른들이 연대책임을 가지고 제3자의 자식에 대하여도 '남에게 부담을 주지 말것' '공중 도덕' 같은 것을 가르키는 것이 성인들의 책임과 의무라는 사고방식이 선진 서구사회에서는 지배적인 것 같다.

나도 이같은 사고방식에 찬성이다. 그래서 흔히 기차 안에서 타인들의 아이들에게 주의를 줄때가 있다. 이때는 아이들 엄마가 당황하고 불쾌하게 생각할 경우가 많다. 이점에서 일본은 뭔가 잘못되고 있다는 느낌을 갖게 된다.

## 2. 예의없는 아이들, 쓸데없이 참견하는 어른들

한편 성인으로 사회에 진출했을 때나, 전혀 예의범절을 모르는 대학 졸업생이 회사에 입사하면 기업체는 이 세상의 사회적인 구조를 교육시키지 않을 수 없다. 상식있는 완벽한 인간으로는 믿을 수가 없으므로 때로는 매뉴얼(안내 편람)로 철저하게 교육시키거나 이해시키려고 시도하는 경우도 있다. 또 그들의 개별적인 행동에까지 기성 세대들은 지나치게 참견하려고 할 때도 있다.

이렇게 되면, 이제까지 예의 범절을 모르고 자유 분망하게 성장된 만큼 사회 1년생인 본인들은 전혀 재미가 없다. 노동이란 고통이고 재미없는 것이라고 생각하기도 한다. 또는 자유를 속박하고 인간성이 부정되므로 사회질서를 물란하게 만들거나 본능적 또는 정동적(情動的)인 세계로 도피하려고 한다. 이 점에서 볼 때, 현재의 일본은 뭔가 잘못된 점이 있는 것 같다.

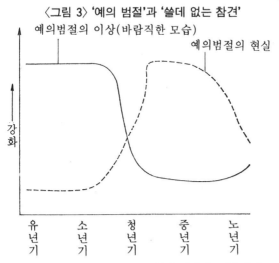

〈그림 3〉'예의 범절'과 '쓸데 없는 참견'

예의범절의 이상(바람직한 모습)

예의범절의 현실

강
화

유  소  청  중  노
년  년  년  년  년
기  기  기  기  기

주: 청년기 이후의 '예의범절'에 대해서는 '쓸데없는
참견'으로 취급되어 나쁜 영향을 주게 된다.

'예의 범절'과 '쓸 데 없는 참견'에 대하여는 위 그림 3 의 이상
선(理想線)이 심리학상이나 뇌생리학상으로 가장 올바른 것으
로 알려져 있다. 청년기 이후부터의 예의범절은 '쓸데없는 참
견'으로 변화되고 인간성의 부정과 연결되며 나쁜 영향을 가져오
는 것이다. 이런 점은 우리들 일본인 어른들이 충분히 신경쓰지
않으면 안된다.

## 3. 옛사람이 말하는 인재 양성의 조건

그런데 제4장에서 기술한바와 같이, 지혜의 구비가 미인이
되는 중요한 조건이다. '진화(進化)는 아름답고 노화(老化)는
추한 것이다'라는 말이 있는데, 인간의 신체를 구성하고 있는
세포 중에서 20세 이후부터는 대부분 세포수가 감소되기 시작하

면서 노화된다. 그중에서 다만 한가지 평생 진화되면서 발전을 계속하는 세포가 대뇌의 전두엽에 있는 전두연합야(前頭連合野)로 이것은 '지혜의 기능'과 관계가 깊다. 그러므로 젊음과 아름다움을 유지하기 위한 지혜의 확충이야 말로 인간이 노력하여야 될 중요한 요소인 것이다. 그러기 위하여는 끊임없이 새로운 지식과 경험을 축적하여야 되는데, 뭣보담도 새로운 정보를 받아들일 수 있는 환경이나 조건을 만들 필요가 있다.

그것이 자유로운 환경이고, 또 자주성이 만들어지는 여건이 있어야 된다. 그러기 위하여는 책임을 가져야 되는 위치와 그 행위를 제3자가 인정하는 환경이 필요하게 된다.

오늘날 지혜에 도전하는 근원은 정신적인 것은 '의욕'인 것으로 알려져 있다. 이에 대하여 옛사람들은 다음과 같이 말하고 있다.

아이레대학의 크리스 · 아치리스 교수(심리학)는 다음의 3가지 환경에서 '의욕'이 나온다고 말하고 있다. 그중 하나는 심리적으로 성공했다는 느낌을 맛보는 것. 두번째는 다른 사람들로부터 인정받는다는 것. 그리고 세번째는 자기가 이 세상에서 필요한 존재라는 자신감을 갖는 것……이라고 한다.

그리고 하키이꾸(荻生祖峽)는 '사람의 활용 방법은 의욕을 나오게 하는 것'이고 다음의 '인간 활용 8개조'를 강조하고 있다.

① 인간의 장점을 처음부터 발견하려고 하지 말라. 인간을 활용하기 시작하면 장점이 나타나는 것이다.

② 인간에게 장점이 있으면 그것으로 된 것이다.

③ 자기가 좋아하는 것만을 너무 취하지 말라.

④ 작은 과오를 타박할 필요없다. 큰 일을 하면 되는 것이다.

⑤ 활용하려면 그에게 재량권을 충분히 위임하라.

⑥ 상부에 있는 자는 부하들과 재능이나 지혜를 경쟁하지 말라.

⑦ 인재는 반드시 습관적인 버릇이 있다. 기량(器量)이 있기 때문이다. 버릇을 버리려고 애쓰지 말라.

⑧ 감싸서 잘 활용하면 적응하게 되고, 시류(時流) 적응할 정도의 인물은 있기 마련이다.

그런데, 여기에서 두 사람이 특히 강조하고 있는 것은 자주성(自主性)이다. 그리고 아치리스 교수는 심리적인 성공감(成功感)이 다음과 같다고 자신감을 타인으로부터의 인정과 관련시켜 이렇게 기술하고 있다.

'자기의 목적과 목표를 스스로 결정하고 더구나 이것을 자신의 능력으로 완성한다. 또 그 목적과 목표에 도달하는 과정도 발전의 속도도 자기가 결정한다. 이 자기가 결정할 수 있다는 것이 가장 중요한 포인트다. 그래서 심리적 성공감을 맛볼 수가 있다. 그리고 이 자주성의 기본 조건은 자신감이고 보다 촉진적인 조건은 타인으로부터 인정받는 것이다'라고.

## 4. 기계적인 인간에서 인간적인 인간으로

나는 모오션 스터디(동작 연구), 타임 스터디(시간 연구) 등을 능률전문가로서 전문적으로 배웠다. 이 입장에서 말한다면 작업 능률이란 어떤 수준까지는 분업화 되고 표준화, 단순화, 메뉴얼화(化) 등이 되면 틀림없이 상승되는 것이다. 그리고 미스(착오)나 로스(손실)도 감소된다. 그러나 인간이란 어떤 레벨에 도달하면 이들 수법에 반발심을 갖게 된다. 이같은 수단 방법은 인간을 무인격화(無人格化)하고 기계의 대행자로 전락시키는 것과 같은 것이 아닐까? 우리들은 인간이지 기계가 아니다. 더욱 인간적으로 대우하라는 요구가 반드시 나오면서 능률이 떨어지기 시작한다. 사람이 기계적 인간에서 인간적 인간으로 소위 자기가 인재(人材)라는 자각과 함께 행동을 시작하는 것이다.

이것들은 직업에 대한 사고방식에서 분명히 나타나고 있다. 현재의 학교 졸업생들은 대개 다음과 같은 생각을 가지고 사회에 진출한다.

'직업이란 고통스럽고 재미없는 것이다. 그러나 월급을 타기 위하여는 어쩔 수가 없다. 그리고 수입이 없으면 생존할 수 없으므로 직업으로 돈을 벌어 근무 이외의 시간을 즐기자!'라고.

일본인과 같이 지적(知的) 수준이 높은 사람들이 생존하기 위하여는 '자아(自我)의 충족'이나 '자기실현'이 언제나 필요하게 된다.

브란테스대학의 에브럼 마즈로 교수(심리학자)는 유명한 '마즈로의 욕구단계설(欲求段階說)'을 다음과 같이 주장하고 있다.

그에 의하면 인간의 동기(動機), 하려는 의욕같은 것은 일정한 순서를 가진 욕구의 체계에서 성립되고 있고 그중에서 가장 낮은 단계가 '생리적 욕구=생명 유지의 욕구'라고 한다. 이것이 위협을 받으면 다른 어떤 욕구보다도 강화된다. 그러나 이 욕구가 어느 정도까지 충족되면 이번에는 그보다 높은 욕구인 '안전욕구(安全欲求)' 즉 안전하고 싶다, 안정(安定)하고 싶은 욕구가 생긴다.

이 두가지가 충족되면 이번에는 '남보다 못하지 않는 보통의 욕구=사회적 욕구'가 생긴다. 남보다 뒤지고 싶지 않다거나,

〈표1〉 마즈로의 욕구 단계와 보통인, 특별인

| 욕구 단계 | 보통인 〈현재 대학졸업생〉의 사고방식 | 특별인 〈사회적인 조직과 구성을 알고 능력있는 사람〉의 사고방식 |
|---|---|---|
| ⑤ 자기 실현 | 여가로 충족한다 / 일로서 충족한다 | (충족시키려고 계획하는 취미도 좋다) 일로서 충족한다 / 보통인이 일을 가지고 여가를 |
| ④ 자아 충족 | | |
| ③ 사회적 | | |
| ② 안 전 | | |
| ① 생리적 | | |

친구를 만들고 남에게서 인정을 받고 싶다는 욕망이다. 이 3가지 욕구가 충족되면 네번째로 '자아 충족의 욕구'가 머리를 들게 된다. 이것은 내키는 대로 하겠다, 자신감을 갖겠다, 지식도 갖고 싶다, 자존심을 갖고 싶고 독립하고 싶다는 것과 같은 욕구이다. 그리고 최후에 나타나는 것이 '자기실현의 욕구'이다. 이것은 자기가 생각하고 있는 바를 실현하고 싶다, 자기 잠재능력을 개발하고 싶다, 자기를 성장시키고 싶다는 것과 같은 욕구로, 마즈로 교수에 의하면 욕구의 대상이 위로 올라감에 따라 낮은 욕구는 중요성이 감소되지만, 충족되지 못하면 즉시, 왕성하게 욕구가 회복되는 것이다. 이것을 나타낸 것이 위의 표1이다.

　우리들은 '자기 실현의 욕구'가 충족되지 않으면 살아갈 수 없을 정도로 현재의 일본인은 행복하다. 그래서 전술한 바와 같은 학교 졸업생의 사고방식이 나타나는 것이다. 그런데 사회인이 되면 맡은바 작업량의 무개가 시간적으로는 많지 않아도 여러 가지로 생활전체를 규제하는 것을 알 수 있다. 생활의 양식(糧食)을 얻는 것인 이상 '그것은 하나의 수단이고 고통이지만 다른 방법이 없다'고 간단히 처리할 수도 없는 것을 알 수 있다.

그래서 현실적으로 피할 수 없는 것이므로 직업을 통해 '자아의 충족'이나 '자기 실현'을 계획하는 것이 바람직하다는 사고방식을 갖게 되는데, 빠르면 입사 후 3개월, 남성인 경우 늦으면 2~3년 만에 이것을 알게 된다.

그러나, 심각하게 생각해 본 다음, 직업을 통한 자기실현은 도저히 불가능한 것으로 결정한 사람은 자포자기하는 것으로 알려져 있다. 그리고 이같은 생각이 압도적으로 많기때문에 작업 시간을 단축하고 여가시간을 증가시켜야 된다는 주장도 일부에서 제기되는 것이다.

그러나 인간이란 원한을 잊을 수 없듯이 근본적으로 단념이란 것이 불가능한 동물이다. 단념됐다고 생각하는 사람일수록 자식들로부터 자기의 단념할 수 없는 기분을 만족하려고 한다. 더구나 이 세상, 특히 일본은 만민평등이다. 찬스는 얼마든지 있다. 즉, 능력만 있으면 단념할 필요가 없는 것이다.

오히려 사업을 통해 자기실현이라는 사고방식이 증가된다. 물론 '지나친 노동시간은 안된다'고 하는 여론이 많은 시대인 것은 사실이다. '토끼상자 같은 집에 살면서 일벌레같은 일본인들'이라고 외국인들이 비방하는 시대이기도 하다. 그러나 '직업을 통한 자기 실현'을 사양할 필요는 없다. 사업이나 맡은 일을 취미로 삼으면 결국 취미가 사업이 되기 때문이다. 그러기 위한 제1단계로서 직장은 자주성(自主性)이 발휘되고 구성원의 인간성이 개발되며 성장될 수 있는 장소가 될 필요가 있다.

사람은 인간기계로부터 인재(人材)로 변하고 직장은 취미와 일치되는 장소이어야 된다.

## 5. 사양할 것 없이 인재가 되라

여기에서 다시 한번 시발점으로 돌아가자. 인간으로서 사회인으로서의 기본적인 지식과 예의 범절을 지킬 수 있다면 그 다음은 자유에 맡기는 것이 분명히 인간의 성장 발전에 바람직하다. 그 대신에 책임을 충분히 느낄 수 있는 환경과 조건을 구비하고 있다면, 그리고 그의 성장을 촉진하게 하는 '인정해 주는' 제도만 완비되면 급속도로 인재의 길을 달릴 수 있을 것이다.

경영 컨설턴트의 제1인자인 우에노(上野一郎)씨는 인간에게 '할려는 의욕'을 주고 그 의식을 높이는 것은 '섹스' '돈' '경쟁' '명예' '흥미' '책임'이라고 말하고 있다. 매우 실리적이고 훌륭한 발언이다. 어쨌든 자기 스스로를 성장시키기 위하여는 인간으로서 가능한 범위 안에서 슬기롭게 모든 것을 이용하여 인재가 되자. 개인으로서 기계적 인간인 것보다는 인재가 훨씬 인간답고 행복하다. 기업 등의 조직체도 인재에 의하여 모든 것이 결정된다. 인재가 되는데 있어서 사양할 필요는 전혀 없다.

# 제8장  능력이 있으면 크게 되라

──대기업에는 인재가 찾아온다──

## 1. 창업자는 확대 지향적이다

창업자 경영인과 2대 이하 경영인의 차이는 철저하게 기업을 확대할 의욕이 있는가, 없는가에서 매우 다르다. 창업자로 성공한 사람에게는 '적당히'라는 사고방식이 전혀 없다고 나는 생각한다. 그것은 자기의 능력에 대한 철저한 도전이라고도 말할 수 있다. 나는 가끔 창업자 사장들이 모이는 자리에 참석하는데, 이때는 '무엇때문에 그렇게 사업을 확장하는 것입니까? 현재로써도 충분하고 크게 성공한 셈인데 고생을 자초하는 것입니까?'라고 묻게 된다.

다음은 나의 질문에 대한 정직한 대답의 일부이다.

○ 그렇지만 더욱 발전할 여지가 있으므로…….

○ 나의 회사는 일본 제일이 됐으나 아직 세계 제일에는 거리가 멀다.

○ 회사를 만들어 발전만 시켜왔다. 그러나 이것 이외에는 나는 '사는 방법'을 모르기 때문이다.

○ 사업 확대를 중단하면 도산하고 말기 때문이다.

○ 크게 발전할 때마다 새로운 세계가 열리기 때문에 피곤을

모른다.

○ 나의 자식대(代)가 되면 더 이상 이 회사는 확장되지 못할 것이다. 확장은 나의 대에서 끝날 것이다.

○ 점차 하고 싶은 일이 증가된다. 하고 싶은 것을 하려면 확대하는 방법밖에 없다.

○ 습관인지 모르나 확대하는 것이 매우 즐겁다.

○ 새로운 고생이 즐거움을 주기 때문이다.

○ 은근하게 사는 재미를 맛볼 수 있으니까.

등등인데, 과연 그렇겠구나 라고 생각되는 바가 있다. 사업을 확장하기 위하여는 새로운 지식과 많은 경험이 반드시 필요하게 된다. '어쩔 수 없는 도전이 가장 머리를 좋게 한다. 다만 양심과 자연을 배반하지 않을 때이다'라고 나는 항상 우리 회사 사원들에게 말하고 있는데, 가장 성장하려는 욕망이 왕성한 창업자 사장들에게 있어서는 확대=어쩔 수 없는 도전=최고의 급성장 이라는 과정으로 발전될 것이다.


## 2. 최대의 즐거움, 유능한 인재(人才)의 집결


좀더 창업자 오너들의 사업 확장 이유를 들어보자.

○ 사업이 크게 확장될수록 우수한 인재가 모이는 것이나.

○ 사업이 확장되면 사직하는 사람이 없다. 사원이 사직하는 것은 무엇보다 큰 손해니까.

○ 사업이 크게 되면 더욱 큰 것만이 눈에 보인다. 이것은 즐거 일이다.

○ 인재가 모여들어 내 밑에서 근무하게 된다. 열등감이 없어

지고 삶의 즐거움을 갖게 된다.

○ 기업이란 '인간을 먹고 사는 것'이므로 사업이 확장되면 식성(食性)이 좋은 사람들이 점점 더 모여든다, 이에따라 기업도 나도 커진다. 이것이 가장 큰 즐거움이다.

대략 이상과 같은 대답들이었다. 유능한 직원, 인재들만이 대기업이나 유명한 기업체에 집결한다.

실력이란 것은 재능×지식×태도×마음…… 등인데, 크게 확장되어 좋은 것은 우선 재능있는 사원들이 몰려든다는 점이다. 창업자의 특질은 타인의 의견을 잘 듣고 장점을 취하는데 있다. 인재가 찾아오면 올수록 그들의 장점을 즉시 흡수하고 그것을 되살리면 자기도 기업도 성장된다.

이것은 무엇보다도 즐거운 일이다. 그리고, 회사의 기업 규모는 작으나 틀림없이 창업자 오너인 나도 이렇게 생각하고 있다.


## 3. 직원들 사직은 자기의 능력 부족 때문이다


물론, 크게 확장되어도 능력 이상으로 커지는 것은 위험하다. 능력을 키우자. 능력이 있고 현상(現狀)과의 사이에 여유가 있으면 확장에 있어서 문제가 없다. 크게 발전하려고 전력투구하는 것이 인간성의 한가지 단면이라고 창업자 오너로서 나는 생각하고 있다.

그리고 더욱 크게 발전할 수 있는가, 회사나 자기 능력에 여유가 있는가 없는가의 여부는 간부 사원들의 사직 여부에 따라 가장 잘 짐작할 수 있다. 나는 근무경력이 많을수록 가치가 있다고 생각한다. 최소한 일본과 같은 종신고용제가 정착된 나라에서

남자 사원이나 간부 사원이 사직원을 제출하는 것은 회사나 경영인에게 능력이 없기 때문이다. 일본의 경우, 사직한다는 사실은 사직하는 본인에게 있어서 매우 중대한 사건이다. 이것을 일본인들은 누구나 알고 있다. 주위에 있는 사직한 사람들을 보면, 독립했다고 해도 개인의 능력이 얼마나 미미한 것인가를 새삼 인간으로서 생각하게 된다.

또 다른 직장으로 전직한 경우, 만일 그쪽의 요구가 있었더라도 별스럽지 못한 것이다. 옛날부터 계속 근무중인 직원에 대하여 신경을 쓰지 않으면 안되며 입사 경력이 하루라도 긴 사람이 그만큼 가치를 지니고 있는 것이다. 신참 사원은 상당한 특수조건이 없는 한 작아져 보이기 마련이다.

지속적인 것은 좋은 일이다. 퇴직이란 것은 지속의 단절이므로, 반대로 바람직한 일이 아니다. 그리고 개인의 능력이 얼마나 미미한 것인가도 쉽게 이해할 수 있다.

[다음은《월간 코스모스》(1979년) 3월호에 게재된 내용이다. 《월간 코스모스》는 내가 고문역을 맡고 있는 기업체의 사장들을 위하여 우리 회사에서 발간하고 있는 경영정보지이다. 진실이 담겨져 있으므로 매우 호평을 받고 있다.]

'상례적(常例的)인 후나이 원맨쇼를 1월 24∼26일, 고륜(高編) 프린스 호텔에서 개최한 것이 이번으로 20회가 된다. 그 자리에서 20회 중 16회 참가한 대형 의류 도매점을 경영하는 회사의 어느 부사장이 '후나이 선생, 당신의 훌륭한 장점은 지속적인데 있군요. 인생도 지속적이란 점이 뭣보다 매력이다. 나도 제4회 원맨 세미나부터 병으로 한번 결석한 것을 제외하고는 계속 참가하고 있는데, 나에게 매우 유익하였다. 무엇이나 지속시킬 수 있는 인덕을 가지고 있군요'라고 그는 말했다.

1969년 5월 21일~23일, 로쿠고오(六甲) 오리엔탈 호텔에서 제1회 원맨세미나(당시는 3일간 20여시간을 나 혼자서 담당하였으므로 이러한 명칭이 붙었다)를 개최한 뒤부터 계속하고 있고 코스모스크럽도 1970년 9월 24일 오사카(大阪)에서 제1회를 시작한 이래 매월 오사카에서 계속했고 1971년 9월 4일에는 도쿄(東京)에서도 제1회를 개최했으나 이후부터는 매월 도쿄와 오사카에서 빠짐없이 계속하고 있다.

세미나뿐이 아니고 어떤 기회에 만나게 되면 인연이 끊어지는 경우는 거의 없다. 따라서 매년 해마다 친한 분들이 증가된다. 인간으로서의 인연이 계속되는 것이다. 즐거운 일이다. 이것도 나의 인덕(人德)인지 모르겠다.

다만, 다음과 같은 씁쓸한 교훈을 경험하고 있다.

제1회 후나이 원맨 세미나(1969년 5월 21~23일, 참가인원 약 60명) 당시, 나는 일본 매니지먼트 협회의 간세이(關西)사무소장이었고, NHK 교육 TV의 상업강좌 담당이며 첫번째 저서인 '섬유업계 혁명'을 집필중이었다. 당시는 1967~1968년에 걸친 제일선 경영지도에서의 실패 원인도 알 수 있었고 사업적인 의욕에 충만된 때였다.

그런데, 1969년 9월 30일 일본 매니지먼트 협회 이사회에서의 의견 충돌로 그날 나는 협회를 퇴직하였다. 그 결과, 후나이 경영사무소는 나 혼자서 경영하게 되었고 물론 경영 컨설턴트도 나 혼자뿐이였다.(일본 마켓팅센터의 설립은 다음해인 1970년 3월).

비교적 의욕적이고 고집이 강한 나는 1969년 11월 25~27일, 제2회 후나이 원맨 세미나를 로주고오(六甲) 오리엔탈 호텔에서 개최했으나 참가인원은 불과 13명으로 감소됐고 뭣보다도 참담한 것은 매니지먼트 협회 시절에 관련을 가졌던 200여의 회사 중 8개만이 참여했던 사실이다. 현재는 나에 대해 냉담했던 관계가 정상이 되어 친분이 유지되고 있다.

그러나 관계를 계속 유지한다는 것은 이것으로 보아도 쉬운 일이 아니고, 그러므로 지속적인 것은 재미있는 일이다.'

이와같이 퇴직한다는 것은 당사자에게 있어서 매우 중요한 일이다. 그럼에도 불구하고 간부 사원들이 퇴직하려면

① 회사나 사장의 장래성에 대하여 단념했는가

② 자기의 퇴직이 보다 더 힘을 발휘한다고 생각하는가?

③ 상사로부터 심하게 자존심을 유린당했는가?

④ 부득이한 개인적인 사정이 있는가?

등등 중에서 한가지 일 수가 있다.

나는 평소 다음과 같이 말하고 있다.

① 부하가 상사보다도 능력이 있으면 부하가 상사의 다리를 잡아 당기거나 스스로가 떠나간다.

② 만일, 부하보다 상사쪽에 능력이 있어도 상사가 부하를 지배하거나 학대할 경우는 부하가 먼저 떠난다. 그러므로 상사는 부하를 지지하여야 된다. 지지하면 존경을 받지만 지배하려고 하면 두려워한다. 지지한다는 것은 예를들어 좋은 결과가 나왔을 때, 그 공을 부하에게 돌리고 또 과실이 있으면 그것을 상사가 떠맡는 것이다. 이 반대가 지배인 것이다'라고.

어쨌든 이와같은 발상에서 추진하면 회사 안에는 사장보다 능력있는 사원은 없고, 상사보다 능력있는 부하도 없는 것이 된다. 부하 특히 간부 사원 중에서 사직하는 사람이 없다는 것은

회사나 사장에게 아직 발전할 수 있는 여유가 있다는 것임을 이해할 수 있을 것이다. 이 경우, 더욱 더 인재를 집결시키면 된다.

인재가 찾아오고 사직하는 사람없이 사원들이 노력하게 되면 기업 규모는 확대한다. 더구나 능력있는 사장에게는 더 많은 인재가 모이게 될 것이다. 능력이 있으면 무조건 대성하라, 그리고 인재를 집결시켜라. 이것이야 말로 한계까지 도전할 수 있는 그리고 가장 남성적인 경영자라고 나는 생각한다.

# 제 9 장 노화(老化)를 피해 장수하자

— 노화의 근원은 비자연(非自然)·비양심(非良心) —

## 1. 90세까지 장수하는 방법

60세 이상의 노인 사망 원인 중에서 자연사(自然死)는 1~1.5% 정도에 불과하다는 통계가 잘 알려져 있다. 노인의 사망원인 대부분은 성인병이기 때문이다. 세포의 노화(수량의 감소)때문에 질병에의 저항력이 없어지는 것이 원인으로 판단되고 있다.

따라서 장수하려면 노화를 지연시키면 된다. 물론 그 이외에도 뇌의 전두연합야(前頭連合野)를 충분히 기능할 수 있도록 하여야 된다. 이 전두연합야의 세포만은 일평생 진화하는 것으로 알려져 있으므로, 지혜에의 도전에 의해 상대적으로 노화를 중단하게 된다. 또 본인 스스로 '나는 장수한다'는 집념이 매우 중요하다는 것도 사실인 것 같다.

고기모토(御木本幸吉) 옹(翁)이 70세 정도일 때, 당시 유명한 의사였던 가쓰누마(勝沼精蔵) 박사에게 다음과 같이 질문했다.

'가쓰누마(勝沼)선생, 선생은 시부사와 옹(翁)이나 서원사(西園寺)의 고오보오(公望) 공(公)에게 건강법을 교시하셨고 90

여세까지 장수하는 비결을 베풀어 주셨는데 나에게도 가르켜 주십시요'라고.

이에 대한 가쓰누마(勝沼) 선생의 대답은 다음 4가지였다고 전해진다.

'첫째는 장수할 수 있다는 집념을 갖는 일이지요. 두번째는 70세가 지나면 밤에 요강을 이용하는 것이다. 세번째는 작은 물고기와 해초를 가급적 많이 먹는 것이 좋다. 그리고 네번째는 매년 조금씩 작업량을 감소시켜라. 우선 이 4가지를 마음먹고 실천하기 바란다'라고

고기모토(御木本) 옹(翁)은 이 가르침을 충실하게 지켜 96세까지 장수했다. 가쓰누마(勝沼) 박사의 이 유명한 '장수 비결'은 여러가지 점에서 시사하는 바가 크다.

첫번째의 집념은 목표를 만들고 뇌의 활성화를 돕는다. 그리고 세포의 노화를 방지한다. 건강유지와 체력유지를 위한 각종 노력도 여기에서 만들어진다. 두번째의 요강은 노인이 밤에 일어나서 화장실에 가다가 뇌졸중 같은 것으로 흔히 넘어지는 것을 생각하면 쉽게 이해할 수 있다. 특히 겨울 한밤 중에 따뜻한 이불속에서 일어나면 급히 혈압이 올라와 여러가지 병적 원인을 만들기도 하는 것이다.

세번째의 작은 물고기나 해초 등은 칼슘의 공급원이 되므로 골격의 노화를 방지하고 보강하게 된다. 다음은 네번째인데, 일하는 분량을 감소시키므로서 비자연(非自然), 비양심적(非良心的)인 생각이나 행동을 못하도록 하는 가르침이라고 볼 수 있다. 최근의 연구에 의하면 비자연적인 행위, 비양심적인 행위가 인간을 심하게 노화시킨다는 사실이 연구결과 밝혀지고 있다.

## 2. 비자연, 비양심의 죄

일본에서 미국, 미국에서 유럽, 또는 유럽에서 일본 등, 세계의 하늘을 동서(東西)로 날으는 비행기의 조종사나 승무원들은 아무리 경험이 풍부해도 시차때문에 피로감이 축적된다고 한다. 그러나 남북(南北)으로 날으는 경우는 피곤감이 거의 없다. 이와같이 자연에 역행하므로서 생기는 피로감의 축적이 노화를 촉진하는 것이 아닌가 하는 것이 큰 문제가 되어 있다. 비행기 조정사들의 노화를 방지하기 위한 건강관리가 최근에 이러한 관점에서 과학적으로 진지하게 논의되고 있다.

또, 밤에 근무하고 있는 종업원의 노화도 현재 세계적으로 문제되고 있다. 예를들면, 일본에서는 밤 8시부터 12시까지의 사이가 가장 깊은 잠에 들 수 있는 것으로 알려져 있다. 유럽에서는 약간 차이가 생겨 오후 9시부터 오전 1시까지가 되는데, 이 시간안에 2시간 정도 잠자지 못하면 몸이 상쾌하지 못하다. 쉽게 말하면 일본에서는 늦어도 10시에는 잠드는 것이 자연의 순리에 알맞다고 할 수 있다.

인간도 자연의 한 구성원이다. 인간이 지혜를 발달시켜 자연을 정복해 왔다고도 하겠지만, 뭣보다도 기본적으로는 자연에 순응하는 것이 바람직하다. 자연을 무시하거나 깔보고 비자연적인 행위가 지나치면 자연은 인간에게 큰 시련을 안겨주어 각성하게 만든다. 비자연적인 행위가 틀림없이 노화촉진과 연관될 것이라는 것을 알고 이것을 인간에 대한 자연, 또는 조물주(신)의 경고라고 받아들이는 것이 현명할 것이다.

그런데, 비양심적인 행위도 비자연적 행위처럼 노화를 촉진할 것이라는 사실이 최근에는 분명해지고 있다. 고민이 있으면 위장이 아프고, 궤양증상이 생기며, 얼마후에는 얼굴마저 검어진다는 것을 서론(序論)에서 기술했다.

양심에 거슬린다는 것은 즉, 마음이 원기있게 적극성을 띠울 수 없다는 것을 의미하고, 고민과 같은 작용으로 육체에 해를 끼치며 스트레스의 원인이 되어 세포의 노화를 촉진하는 것이 된다.

가쓰누마(勝沼) 박사의 주장은 아니지만, 사업가가 하여야 될 의지 결정에 있어서 인정이 많은 사람은 비정(非情)할 수 밖에 없는 심리적 고통 등을 경험할 때가 많다. 그러므로, 조금씩 일감을 줄여나가야 한다는 것은 이 점에서 잘 이해할 수 있다.

어쨌든, 비양심적인 행위가 인간의 노화를 촉진한다는 것은 인간에 대한 신의 경고일 것이다.

## 3. 생각하여야 될 관리 메릿(효과)의 추구

2년 전, 어느 유명한 창업 경영자에게 '당신의 회사가 초대 (初代)에서 이렇게 크게 된 이유는 무엇인가?'라고 질문한 일이 있다. 그때, 그는 다음과 같이 대답했다.

'회사가 초창기일 때 부터 나는 현재 모은행의 유능한 은행장인 ××씨로부터 촉망을 받았지요. 20여년 전이지만 그 분은 나에게 다음과 같이 말했다. 사업을 크게 발전시키려면 자본주의 사회의 조직을 알아야 된다. 자본주의라는 것은 인플레에 의해서만이 유지된다는 것. 거기에는 합법적인 대의명분과 더불어 착취할 수 있는 시스템을 만들지 못하면 사업이 성장되지 못한다는 것. 그리고 그런 의미에서 세금은 합법적으로 가급적 지불하지 않도록 할 것 등 3가지가 필요하다. 당시 젊었을 때는 이것을 지켰지요. 그래서 회사가 성장했습니다. 그러나 나는 중간에 방침을 바꿨습니다. 합법적인 대의명분과 함께 착취할 수 있는 시스템의 유지를 관리 메릿드(merit)의 추구로 보고, 이것을 계속하고 실천하기에는 양심이 부끄러웠습니다. 이러한 축재(蓄財) 방법은 이 세상에 빚을 지는 것으로 생각하였기 때문이지요. 그래서 앞으로는 세금도 가급적 많이 내려고 방향을 바꿨지요. 덕택으로 매우 낙천적인 성격이 됐습니다. 나는 마음이 편하므로 장수할 것 같습니다'……라고.

나는 이 때, 좋은 이야기를 들었다고 생각했다. 나와 친분을 가지고 있는 유통업계에서는 현재 관리 메릿의 추구가 한가지 붐을 이루고 있다. 대량 판매점의 결산서를 검토해 보면, 사실상 본점의 매상고 신장보다도 관련된 자회사(子會社)에의 상품공급이 증가되어 이익이 많고 이것으로 성장되는 경우가 많다. 이것이야 말로 전형적인 관리 메릿이라고 할 수 있다.

그러나 이것은 '대의명분을 가진 합법적인 착취이다'라고 할 수 있다. 이와같이 경영자가 생각했을때, 그는 양심이 찔리게 된다. 즉, 관리 메릿의 추구에 따라 스스로가 노화(老化)를 촉진하는 것이 된다.

현재의 유통업계는 아직 새로운 업계이므로 대량 판매점의 경영자나 기업은 '관리 메릿의 추구가 옳다'라고 생각하는 경향이 있으나 아마도 몇년이 지나면, 관리 메릿드를 제공하는 측의 움직임과 함께 메릿을 추구하는 측[형수(享受)측] 경영인의 양심의 가책으로 '관리 메릿의 추구야 말로 악(惡)'이라는 발상이 정착될 것으로 보인다.

사람은 스스로가 인간성을 추구하면 반드시 '동정심'이나

'보다 마크로적인 선(善)' '남에게 베풀려는 태도' 등의 기본적 자세가 강화된다. 이때, 일종의 착취로 볼 수 있는 '관리 메릿'에 대해 반드시 의문을 느끼게 될 것이라고 나는 생각한다. 사실은 이미 나와 친분있는 경영자인 마루이(九井)의 아오이(靑井忠雄) 사장이나 가스미스토아의 강바야시(神林照雄) 사장 등은 '착취가 아닌 관리 메릿의 추구야 말로 필요'하다는 사고방식에 따라 현실적으로 좋은 성적을 올리고 있다.

## 4. 성악설(性惡說)보다는 성선설(性善說)을

　인간의 성품이 악한 것이냐, 착한 것이냐에 대하여는 앞으로도 결론을 내리기가 어려울지 모른다. 현재까지도 심리학자의 많은 실험에서는 '악하다'고 생각되는 결과가 많다. 제3자가 보지 않는 곳에서는 '도적질'을 비롯하여 미풍양속에 위반되는 행위가 흔히 있는 것이 사실인듯 싶다. 또 은밀한 곳에서는 양심에 찔리면서 이같은 행위를 하는 것 같다.

　그러나 길가에 떨어진 돈을 줏을때도 반드시 주위를 살펴본 다음 보는 사람이 없을 때 포켓에 넣는 등 주저하게 되는 것을 이렇게 보면 인간의 성품은 착한 것인지도 모른다.

　어쨌던 인간의 성품은 악할 수도 착할 수도 있다는 생각이 현실 긍정적이고 편할지도 모른다. 이와같은 생각이 내가 바로 좋아하는 '포용성의 발상'인데, 장단점이 같이 있는 경우, 단점을 보지 않고 장점만을 더욱 발전시키는 것이 즐거운 인생이고 이것이 잘 사는 방법이다. 제3자에 대하여도 장점을 인정해 주면 여기에 더욱 부응하기 위해 결점없는 행동을 하게 되고, 상대편

결점에 신경쓰면 더욱 그것이 확대되어 보인다. 여기에도 '심리적인 거울의 원리'가 작용하기 때문이다.

따라서 사회생활에서는 성선설을 인정하는 발상이 기분에도 즐겁고 효과적이다. 그러나 사람에 따라서는 성선설에 따라 상대방을 믿었을 때, 심한 불이익을 당하는 경우가 있다. 생존에만 집착한 나머지 양심을 무시하는 사람, 양심이 있으나 악한 마음에 눌려 사는 사람도 있기 때문이다.

나도 한때는 인생의 밑바닥을 비참하게 경험한 바가 있는데 그때를 지금 회고해 보면, 양심을 어디에 두고 살았던 것 같다. 양심이 일시적으로 상실한 사람을 성선설로 대우하려고 생각하면 자기 스스로의 능력을 양성하는 것 이외에 다른 방법이 없다. '능력'이 있으면 상대편의 나쁜 마음을 착하게 만들 수 있기 때문이다. 무엇보다도 '능력자' 앞에서는, 악한 마음이 본능적인 두려움으로 작용되어 나쁜 본성을 발휘하지 못하게 되는 것이다.

이상과 같은 것을 여기에서 지적한 이유는 인간에게 양심이 있고, 또 양심에 걸리는 행위가 노화(老化)를 촉진하기 때문에 인간의 본성은 결과적으로 착하다고 생각하기 때문이다.

어떤 사람이나 인간성을 추구해 볼 때, 열심히 노력하고 자기 스스로를 되돌아보며 수양에 힘쓰면 좋던 싫던 착해지는 것이 아닐까? 착한 행위야말로 인간의 기본적인 자세이고 소망이라 할 수 있다. 그러기 위하여는 뭣보다도 스스로의 능력을 증가시키고 성선설을 믿고서 제3자와 인간관계를 발전시키는 것이 인간의 본질에도 알맞는 것이다.

# 제10장 업적 향상은 공개주의로

#### —— 비밀주의, 폐쇄주의는 낡은 수법 ——

## 1. 인간력의 시대

제1장에서 1980년대는 사람의 시대, 인간력의 시대라고 말했다. 이것이 가장 확실히 나타나는 것이 기업경영에서다. 경영을 마크로[(Macro : 거시적(巨視的)]로 보면 100％ 인간력이라고할 수 있겠는데, 미크로[Micro : 미시적(微視的)]로써〈인간력＝인간의 할 의욕이나 사고방식〉으로 한정할 때도 인간력의 70~80％가 업적을 좌우하게 되었다.

영국의 수상을 지낸 대처 여사는 '지도자의 조건'을 5가지로 정리하고 있다.

첫째는, 스테미너이다. [스테미너의 80％까지는 하겠다는 의욕과 절제(節制)로 결정된다].

두번째는 결단력(決斷力)이다. [결단력은 사고방식으로 결정된다].

세번째는 설득력(說得力)이다. [설득이란 것은 논리뿐이 아니고 감정적으로도 납득시켜야 된다. 이것은 설득하는 사람의 인간성에 의해 정해지지만 말하자면 하겠다는 의욕과 사고방식의 축적이기도 하다].

네번째는 고독에 대한 인내심이다. [오노다(小野田)씨나 여꼬이(橫井)씨가 장기간 고독을 참은 것은 목표가 있고 하겠다는 의욕이 있었기 때문이다].

대처 수상이 말하고 있는 다섯번째는 가족의 협력을 얻는 것이다. [이것은 그녀가 여성이기 때문이 아니다. 인간에게 있어서 가정이나 가족만큼 중요한 것은 없다. 가정이나 가족은 인간에게 '할 의욕'을 갖게 하고 가정은 스테미너를 회복시켜 주는 인간 독크이면서 동시에 정비공장(整備工場)이기도 하다].

이와 같이 대처 여사의 주장을 검토해 보아도 인간에게 있어서 '할 의욕과 사고방식'이 얼마나 중요한가를 알 수 있는데, 이것이 인간력의 축적으로서 경쟁하는 경영면에시는 인간을 미크로 (미시적)로 보아서도 현재 결정적인 요소가 되었다.

## 2. 성장하는 기업의 4가지 조건

미크로로 한정된 인간력 이외의 다른 여러가지 조건도 똑같이 설정하자. 그것은 기계력이나 설비력의 비중이 매우 큰 기업체에 있어서도 수주(受注)와 판매라는 업무는 무엇보다 인간력에 의존한다.

더구나 상사(商社), 광고회사, 유통업계의 각 회사처럼 인간의 노동이 큰 비중을 차지하는 곳에서는 인간력 이외의 제조건이 같아도 업적은 크게 다르게 된다.

쓰우에(津上)를 비롯하여 여러 회사를 재건하는 것으로 유명한 오오야마(大山梅雄)씨로 부터 참고되는 이야기를 들은바가 있는데, "회사 재건의 성공 여부는 종업원에게 '할 의욕'을 갖도록 하느냐로 80％가 결정된다"는 것이었다. 그리고 우리와 같은 경영 컨설턴트들은 자신감을 갖는 것과 의욕적인 자세가 사업의 99％를 차지한다.

나는 현재 고문을 맡고 있는 기업체에 대하여 다음 4가지를 강조하고 있다. 그들 관계 기업체의 업적과 그 원인을 검토해 보면 좋은 점과 나쁜 점의 차이를 분명히 알게 된다. 그중 좋은 점을 정리하면 4가지가 된다.

## 1) 제1선 근무자를 우대하기 바란다

현재는 어떤 업종이나 사업체에서도 공급과잉이 빠르다. 사는 사람 중심의 시장이다. 조직의 원칙에도 있듯이 파는 것이 중심인 시장 원리에서는 메이커나 구매 중심의 조직을 만들면 된다. 그러나 살 사람 중심의 시장에서는 파는 사람, 고객을 상대하는 사람이 중심이 되는 조직을 만들지 않으면 안된다.

이것은 제1선, 소위 고객과 만나는 사람, 판매부 사람을 가장 대우하라는 것이 된다. 우선 인사문제(人事問題)인데, 가장 능력 있고 장래성 있는 사람을 판매의 제1선에 배치시키는 것이다. 조직이란 것은 권한이나 근무규정으로 해결되는 것이 아니고 본래가 능력관계에서 움직여진다. (따라서 이상적인 조직은 퍼멀(formial)과 인퍼멀(informial)이 일치하는 것이 된다]. 다음에 제1선 근무자들의 의견이나 희망이 가능한 한 이루어지도록 연구한다. 그래야만 그들에게 '할 의욕'이 생겨 업적이 급히 상승된다. 이와는 반대로 이익이 발생되지 못하는 회사는 본사나 본부에 인재가 집중되고 거기에서 계획하며, 제1선에 대하여는 '인간기계'적 활동만을 요구한다. 여기에서는 '의욕'이 없어지므로 경쟁 상대가 생기면 분명히 망한다.

일본이 세계에 자랑하고 있는 대량 판매의 각 상사들은 무서우리만치 제1선 주의이고 이것은 덴쓰(電通)나 바쿠보오토오(博報堂) 등의 광고회사에도 해당된다. 그리고 구조불황(構造不況) 업종으로 알려진 섬유업계에서도 닛쇼오보(日淸紡) 등은 온라인 주의라고도 말할 수 있는 제1선 우대주의로 좋은 결과를 유지하고 있다.

## 2) 플러스 발상(發想)을 축적하기 바란다

뭔가 한가지를 이룩할 경우, 그것은 반드시 성공한다는 발상(이것을 플러스 발상이라고 한다)을 축적하게 되면 성공하며 업적도 매우 상승된다. 성공한다고 믿기때문에 충분한 이유와 조건을 많이 찾게 되는 것이다. 시뮬레이션(simulation)으로 찾아도 좋다, 모델을 업계 안밖에서 찾아도 좋다. 또는 권위자에게서 자신감을 갖는 것도 좋다.

어쨌든 플러스 발상을 축적시키는 습관이 있을 때는 우선 99% 무엇이나 성공한다. 그런데, 이와 반대로 성공할 수 없는 조건이나 이유를 찾아내는데 유능한 경우가 있다. 이것을 마이너스 발상의 축적이라 하는데, 여기에서는 처음부터 '할 의욕'이 나오지 않고 실패한다.

학자들이 사업의 제1선에서 성공하지 못하는 이유는 지나치게 작은 일에까지 신경을 쓰는 것이 직업적 습성이고, 플러스와 마이너스 두가지로 생각할때도 다소 마이너스적인 점이 있으면 전혀 실천력에 옮기지 못하기 때문인 것으로 알려져 있다. 일본 장기신용은행의 다께우찌(竹內宏)씨는 '학자들의 습관은 특수하고 엄밀한 것 같다. 매우 작은 것도 지나치려고 하지 않는듯 하다. 나는 상대편의 말중에서 작은 미스는 가급적 묵인하려고 하는데……'라고 말하고 있는데, 경영이란 것을 처세술이나 돈벌이로 생각한다면, 경영인들이나 돈을 잘 버는 사람일수록 모름지기 상대편의 언어행동을 가급적 좋은 방향으로 생각하고 사소한 허물은 이해하는 것이 바람직하다. 플러스 발상이란 것을 이러한 입장에서 생각한다면 그 효과는 잘 이해될 수 있을 것이다.

### 3) 모든 사원이 원가 의식을 갖도록 공개주의를 지킬 것

업적을 올리기 위하여는 전사원이 원가의식(原價意識)을 갖는 것이 가장 현명하다. 원가의식이란 '이만큼의 월급을 받기 위하여는 이만큼 벌지 않으면 안된다'고 하는 의식이라고 해도 좋다고 생각한다. 현재 '월급쟁이 의식을 버려라'고 경영인들이 강요하는 것은 안이한 사고방식과 같이, '시간을 메꾼다는 발상이나 주어진 일만 끝내면 된다는 생각, 즉 월급쟁이 의식하에서는 원가의식이 나오지 않기 때문이다.

예를들어, 나의 회사 일본 마케팅센터도 비교적 급속도로 성장했다. 우리들의 동업자에는 은행이나 증권회사 계열, 학교법인이나 재단법인 사단법인 등 많다. 이같은 형태가 아니고 일반기업체와 같은 경영으로는 매우 어려움이 많고 또 업무내용에서 볼 때도 주식회사 보다는 사단법인체가 자연스러운 점이 많다.

그래서 나도 미래의 구상을 여러가지 생각했으나 나의 상담역인 재계인들의 대부분은,

'후나이 선생, 당신의 존재의식(存在意識)은 자유롭다는 것이지요. 어디서나 자유롭게 만날 수 있다는 것이 첫째지요. 그리고 두번째는 종업원이 급성장하고 회사가 기업으로서도 급성장한다는 것이지요. 이 두가지 조건을 충족시키려면 민영적(民營的)인 자유기업이 가장 좋다. 종업원(우리의 경우, 경영 컨설턴

트)에게 지나치게 간섭적이거나 안이한 사고방식을 갖게 하는 가능성은 되도록 근무중 피하는 것이 바람직합니다'라고 말한다.

따라서 나도 장래에는 종업원의 원가의식을 위해서도 민영의 자유기업이 좋지않을까 하고 생각한다.

그런데, 이만큼 중요한 원가의식을 종업원들이 갖게 하기 위하여는 경영인의 경영 자세가 결정적이라고 볼 수 있다. 일본인들은 전 국민이 엘리트 민족이다. 교육 수준이 높고 상승(上昇) 지향성(志向性)이 강하다. 그리고 세계에서 가장 신분과 경제적으로 평등한 나라이며 착취도 역사적으로 별로 없었다.

유럽에 가서 장대한 베르사이유궁전을 볼 때, 또는 중국의 자금성 같은 거창한 건물을 보게 되면 외국의 경우, 옛날의 권력자들이 얼마나 철저하게 국민들을 수탈했는가에 경탄할 뿐만 아니라 핍박받은 민중들의 고통이 가슴에 와 닿는다. 일본에는 이와같은 거대한 유적이 없을 만큼 선조들은 그 정도로 행복하였다고 보여진다.

그리고 구미 각국은 제2차 세계대전에서 참패한 독일을 제외하고는 현재도 신분제도가 상당히 엄격하고 분명하다. 이와는 반대로 일본에서는 옛날부터 토요토미히데요시(豊臣秀吉)가 강파꾸다이고오(關白大閣)가 된 것과 같이 철저한 신분제도가 엄연히 있었던 에토(江戶)시대에서도 아래 계층 사람이 상층으로 올라서는 것이 별로 어렵지 않았다.

명치시대(明治時代) 이후에는 고등문관 시험에 합격만 되면 출신 여하와 관계없이 출세는 보장된 것과 같았다. 따라서 국민 모두가 중산층 의식을 갖고 있으며 엘리트 발상을 하고 있다.

나는 옛날부터 인간을 다음 의표 2와 같이 3종류로 나눠 생각하고 있다. 여기에서 알 수 있는 바와 같이 일본인은 압도적으로

〈표 2〉 인간의 3가지 유형

| 엘 리 트 | 자기 스스로가 계획하고 타인들을 이 계획에 따라 동원하려고 한다. 매우 상승지향적(上昇志向的)인 성격이 강하다. |
| --- | --- |
| 대 중 | 엘리트가 만든 계획(법률·규정 등)에 따라 활동하려고 노력한다. |
| 인간 쓰레기 | 엘리트와 대중들이 만들어 놓은 업적을 파괴시킨다. 다른 사람들의 발목을 잡고 뛰지 못하게 한다. |

엘리트 인종으로 변화되는 중이라는 사실이다.

제2차 세계대전이 발발되기 전의 일본인 대부분은 심리적인 것과는 관계없이 최소한 외관상으로는 '대중(大衆)'적이었다. 그러나 현재는 외관상으로도 '엘리트'라는 의식을 갖고 있다. 이와는 달리 구미인들은 이제사 대부분이 '대중'이라고 생각하고 있다. 이제부터의 일본에서는 '대중'을 엘리트적인 기질의 소유자라고 해석하여야 될지도 모른다. 빈부의 차이도 없고, 신분상 상하의 차이도 없으며 누구나가 당대(當代)에서 대성할 가능성이 있는 일본에서는 단일민족이라는 역사적 전통도 있으므로, 예컨대 마케팅에 있어서도 구미와 같은 세그멘테이션(segmentation) 수법이 잘 적중되지 못한다. 그 보다는 하이 이미지적인 핑키리 상법(商法) 등등 내가 말하고 있는 방법을 취하여야 된다.

그런데, 이러한 일본인이므로 대부분의 일본인은 전체적인 상황을 알려고 한다. 그러나 서구 사회의 기업체에 근무하는 매니저 크라스 간부들과 대화해 보면 자기의 담당 분야 이외에 대하여는 거의 아는 바가 없다. 전체적인 것은 불과 몇사람의 톱크라스밖에 모르는 것에 놀라게 되는데, 일본에서는 입사후

2~3년의 젊은 사원도 자기 회사의 매상고·주력 상품·이익·
방침·전략 등 많은 것을 알고 있다. 관리직이라면 누구나가
전문직 이외에 대하여도 상세하게 설명할 수 있다.

고전에 '소니'의 모리타(盛田昭夫) 씨를 만나야 될 용무가 있어
서 소니 본사를 방문한 적이 있는데, 약속 시간보다 일찍 도착하
였으므로 신제품의 전시장이나 창업 후의 제품이 진열되어 있는
자료관을 보게 되었다. 이때 제품과는 전혀 관계없는 종합기획실
(제네럴 스탭) 사람들이 훌륭하게 이들 제품이나 회사 역사를
설명하였다. 나도 당연하게 생각했다. 일본에서는 이것이 당연하
지만 구미에서는 결코 쉬운 일이 아니다.

어쨌든 일본인은 전체를 알고 그 다음, 자기가 맡은 바 역할을
알며 이것을 인식했을 때 맹렬한 에너지를 발휘한다. 엘리트라는
증거이다. 원가의식도 이와같이 우선 전체를 아는 것, 그리고
부분적인 것을 알고 그 중요성을 인식하므로서 비롯되는것이다.

공개주의를 내가 권장하는 것도 이 때문이다. 사실상 경영환경
이 악화되었던 석유 쇼크 이래, 가능한 한 회사의 실정을 종업원
에게 공개하려는 사고방식이 강화되었다. 그것이 인간의 능력을
월등하게 향상시켜 업적을 상승시키기 때문이었다.

최근에 와서는 고객이나 구매 거래선에게 까지도 안도감과
일체감을 주기 위하여 경영이넘이나 방침을 공개하지 않을 수
없게 되어가고 있다.

### 4) 현상(現狀) 긍정에서부터 출발할 것

나는 '과거 올 선(善)' '현상 긍정' '포용성' 등과 같은 말을
경영이나 처세에서 그동안 활용하여 왔다.

'과거 올 선(善)'의 사상은 과거의 모든 일이 현재나 장래를

위한 교훈이었다는 감사의 기분을 만들고, 삶을 매우 즐겁게 해준다. 그렇다고 해서 장래에의 도전의욕이 없어지는 것이 아니므로 이것은 매우 탁월한 사상이라고 나는 생각하고 있다.

'현상 긍정'도 마찬가지인데, 현상을 하나의 자연으로 인정하고 여기에서 '더욱 마크로적인 선(善)'을 목표로 발전적인 탈피를 생각하는 것이 바람직하다. 현상이나 과거부정과 같은 희생자를 만들지 않는 장점도 훌륭한 일본인의 지혜인 것이다.

그리고 이것을 보다 발전시킨 것이 '포용성'의 발상이다. 이 세상은 변화한다. 변화에 따라 새로운 방향으로 발전하여야 된다. 이때, 과거적인 것을 모두 남겨두고 새로운 것을 첨가시키면서 전체를 변화시키려는 것이 '올 긍정'이고 '포용성'의 발상이다. 이 중에서 불필요한 것은 자연스럽게 탈락된다. 이것으로 변화에 충분히 인내할 수 있다고 하는 것이 나의 사고방식이다.

이와는 반대로, 두뇌로 생각하고 현상을 부정하는 입장에 서서 현재까지의 것을 차단하거나 전체적으로 구성하여 시대적 흐름에 맞추려는 사고방식이 있다. 서구 사회에서는 이러한 경향이 많은데, 일본에서는 이 수법으로 실패하는 경우가 많다.

현실적으로 이익이 많은 기업은 현상을 긍정하면서 서서히 변화하는 것이 바람직하다. 더구나 몇년 지나면 구미 각국에 비해서도 일본식 흐름이 완전히 변화될 것이다. 세계에서도 일본의 변화가 가장 빠르다. 그러나 이것들은 현상 긍정적 부가형(附加型)으로 만들어진 변화인 것이다.

예를들어, 도로를 파헤치고 개스관(管)을 설치한 뒤 매립했다고 하면, 다음에는 하수관을 묻기 위해 다시 땅을 판다. 이것을 보고 일본인은 계획성이 없다고 하지만 그런대로 훌륭하게 변화하면서 발전되고 있다.

재미있는 국민성이다. 내가 관여하고 있는 유통업계에서도

항큐(阪急) 백화점이나 이토오요카토, 료오데이나 와코르 등 고
수익을 올리는 회사는 대단히 '현상 긍정적'이고 또 '포용성형태'
이다.

이와 같은 것은 어디서 연유하는 것일까를 수년간 생각해 보았
다. 여기에 대한 해답의 일부를 마련해준 사람이 쓰노다(角田忠
信)씨이다.

이 쓰노다(角田)씨는 동경의과치과대학에서 청각 기능관계를
연구한 학자로, 작년 대수관(大修舘) 서점에서 발간한 그의 저서
《일본인의 뇌》에서는 일본인과 외국인의 뇌기능 차이를 설명하
고 그것이 일본어라고 하는 모음계(母音系) 언어때문이란 것을
증명하여 신선한 자극을 우리에게 준바 있다.

 • 서구인이 자연과 인간을 대비적(對比的)으로 생각하는데
대하여 일본인은 자연속의 일부로서 인간을 본다는 것.

 • 현재 세계에서 새로운 경영 발상(發想)으로서 각광을 받기
시작한 '애매한 시스템 공학'이라는 발상이 일본인의 발명이고,
일본적인 특성을 지니고 있다는 점.

 • 명치(明治)이래, 급속도의 서구화 중에서도 기독교가 일본
에서 정착하지 못한 이유.

 • 또 현재의 일본인이 자기 의사를 표시 할 때, 우선 타인의
의견을 집약하고 성리시킨 디음, 거기에 자기 의사를 약간 첨가
시켜 자기 의견으로 하는 이유.

 …… 등등은 좌뇌와 우뇌의 기능 차이, 일본인과 서구인의
활동상 차이에서 감성의 차이와 함께 쉽게 이해할 수 있다.

《지적(知的) 생활에의 권고》라는 저서로 인기있는 상지(上
智) 대학의 와다배(液部昇一) 교수와 대화한 일이 있다. 특히
그의 인텔렉트와 인텔리젠스의 구별에 대하여 상세한 설명을

들었는데, 이것으로 쓰노다(角田) 이론에서 말하는 좌반구(右半球)의 뇌인 비언어뇌(非言語腦)를 얼마나 잘 활용하는가 또는 소외시키고 있는가를 설명할 수 있다.

인텔리젠스[intelligence : 지(知)]는 정답을 이해한다는 것을 아는 것으로 이것은 좌뇌만의 작용으로 결정된다. 그러나 인텔렉트[intellect : 지(智)]는 정답을 이해 못하는 것을 아는 것으로 이것은 좌우 양뇌가 잘 공동 적용되어야 된다.

좌반구의 뇌는 언어뇌(言語腦), 그리고 지적뇌(知的腦)이다.

우반구의 뇌는 비언어뇌(非言語腦)이다. 이 두가지 뇌가 잘 공동으로 작용하여 비로서 '지(智)'가 나타난다.

쓰노다(角田)씨에 의하면, 일본인이 가지고 있는 뇌의 특이성은 서구인인 경우, 좌우에 균형을 유지하여야 될 정동(情動) 메카니즘이 좌뇌에만 의존되고 있기 때문이다. 좌뇌는 본래 지적뇌(知的腦)이므로, '정동(情動)'＋지(知)'가 만드는 '지(智)'가 일본인에게서는 만들어지기 어렵다는 것이다.

왜냐면, 좌뇌는 원래 언어뇌(言語腦)이므로 약간의 자극을 뇌에 주어도 본래의 작용이 회복되고 뇌전체로써는 우뇌의 비언어뇌(非言語腦) 작용을 완전히 중단시킨다는 것을 그의 연구로 알 수 있다.

쓰노다(角田)씨는 《일본의 뇌》에서 '예를들어 담배 1개를 피워 뇌에 자극을 주면, 1시간 이상에 걸쳐 비언어뇌의 작용이 완전히 막히므로 하루에 1갑 이상 담배 피우는 사람은 눈뜨고 있는 사이 비언어뇌(머리의 오른쪽 반)가 기능을 완수하지 못한다. 말하자면, 흡연이 인텔리젠스에게는 플러스가 되어도 인텔렉트에는 크게 손실이다'라고 말하고 있다.

이제부터의 세상은 인텔렉트의 시대다.

나는 일본의 장래를 생각할 때, 공공 장소에서의 흡연이나 청소년의 흡연에 너그러운 태도는 반성할 점이라고 생각한다. 어쨌든 현재의 일본에서는 '현상 긍정적 발상'에서 출발하는 것이 올바르고 가장 바람직한 것이다.

이같이 4가지 조건을 생각할 때, 뭣보다도 인간의 능력이 이익을 만드는 것이다.


## 3. 현재, 우리 회사에서는


1970년, 회사를 만든 당시부터 나는 동지들과 창업하였으므로 공개주의를 철저히 지키고 있다. 1973년경에는 사원도 증가하고 업적도 상당히 급상승되었다. 그때 나는 마루후쿠쇼오지(丸福商事)의 도베타(戶部田巧) 사장을 알게 되었는데, 이 분을 알게 된 것이 나의 공개주의 신념을 보다 확고하게 만들었다.

마루후쿠(丸福) 상사는 세계 2차 대전이 끝나고 1950년에 창업된 회사로 하까다(博多)에 있는 의류용품 종합 도매점인데 현재, 매상고와 이익에 있어서도 큐슈(九州)에서는 최고 위치를 차지하고 있다.

이 마루후쿠 상사(丸福商事)에는 많은 특성이 있다.

① 창업 이래, 매년 수입 증가가 계속되었다.

② 사원의 이직률은 거의 없다. 특히 남자 사원의 경우는 사직한 사람이 거의 없다. 그리고 사원의 연령 구성이 피라밋형(型)을 유지하고 있다.

③ 완전한 공개주의이며 더구나 '포용성'과 '올 긍정적' 발상으로 회사가 운영되고 있다.

등이다. 그러나, 이들 비밀은 마크로적으로 볼 때, 정확하게 공개주의에 있는 것이다.

　'후나이 선생, 나는 그렇게 우수한 편은 아니지만 종업원을
믿고 회사 내용을 공개하고 맡겨온 것이지요. 그랬는데, 모두가
열심히 노력했고, 정착율이 높아 어느 사이에 이렇게 회사가
확장되었지요. 선생도 공개주의를 절대적으로 밀고 나가길 바랍
니다.'

　도베타(戶部田) 사장으로부터 이러한 이야기를 듣고 나는
사장으로서 운영 내용을 완전 공개하였다. 회사의 창립 이래,
장부 등에 사장인 한번 날인한 바가 없다. 사장 도장은 경리 담당
자에게 맡기고 있다. 예산 편성이나 통제에 관여한 일이 없다.
공개하고 있으므로 모두다 알고 있다. 서로가 생각하고 회사를
위하여 전력 투구하고 있으므로 마음놓고 방치하고 있다.
　물론 나의 꿈, 이상(理想), 생각할 수 있는 구체적 목표 등은
분명히 모든 종업원에게 인식시키고 있다.
　그리고 본서와 같은 책을 집필하면 보다 더 확실하게 이해하게
된다.
　이 마루후쿠(丸福) 뿐이 아니고 나와 친분있는 기업에서는
종업원수가 2천명이 넘는 식품 슈퍼인 '가스미스토아'가 강바야
시(神林昭雄) 사장의 신념에 의해 똑같이 완전 공개주의로 효과
를 충분히 올리고 있다.
　이와같은 가까운 기업체를 보아서도 나는 계속하여 공개주의
를 지키려고 생각하고 있다. 그러나 공개주의라고 하지만 매우
중요한 몇가지 전제가 필요한 것이다.
　• 인간을 믿지 않으면 안된다.
　• 회사 안에서도 간부일수록 공헌도(貢獻度)에 비해 수입이

작아야 된다.

- 공사(公私)의 구별은 아무리 작은 일도 분명하여야 된다.
- 어떤 일도 이해시켜야 된다.

……그러나 매우 즐거운 것도 사실이다.

결국 우리 회사에서는 비밀이 없고 현재 업적이 순조롭게 신장되고 있다. 사장인 나로서는 장래에도 지금과 같이 발전되기를 바라는 즐거운 기대에 부풀어 있다.

제 **2** 부 원리편

# 삶의 보람을 위한 인간학

# 제11장 인간성이란?

── 인간의 특성은 보람있게 사는 것 ──

## 1. 인간의 뇌조직과 그 특성

서론(序論)에서 인간의 특성에 대하여 설명한바 있는데, 모든 동물은 뇌작용에 의해 모든 생명행동과 생활행동이 규제되고 있다. 그러나 뇌의 기능은 매우 복잡하여 현재도 그 하나 하나의 생리 활동을 뇌의 구조와 관련시켜 정확하게 설명할 수 있는 단계에는 이르지 못하고 있다. 분명히 말하면 아직도 그 기능은 신비에 둘러쌓여 있기 때문이다.

그러나 인간의 특성은 인간과 다른 동물과의 뇌 구조적 차이에 있다는 것은 명확하다. 그리고 이것은 한마디로 말해서, 다른 동물에 비해 인간은 대뇌의 신피질(新皮質), 특히 전두연합야(前頭連合野)가 특이하게 발달되었다는 것이 될 것이다.

나는 뇌생리학(腦生理學)의 전문가가 아니다. 다만 뇌나 지능 등 인간과 관련된 원리를 알고 있다는 것은 그것이 스스로의 인생관, 사회관을 결정하는 근원이 되므로 세계적으로 이에 관련된 전문가나 학자들의 새로운 학설, 논문, 저서 등에 대해 나는 관심을 집중시켜 왔다. 일본인으로서 전술한 바 있는 도키미(時實利彦)씨는 이에 대해 대담하면서도 매우 알기쉽게 설명하고 있고, 작년에는 일본인과 서구인의 뇌기능 차이, 말하자면 복합음(複合音)의 처리기구나 정동(情動)의 메카니즘 차이를 해설함으로써 화제를 불러일으킨 쓰노다(角田忠信)씨는 이 도키미(時實)설에 따르고 있는 것처럼 보인다.

한편으로 나를 더욱 납득시킨 것은 수윤사(秀潤社)에서 번역한 칼 세캉의 "The Dragons of Eden(에덴의 공룡)'이란 서적이다.

이 책은 1978년의 푸릿처상, 논픽션상 부분에서 수상했고, 부제(副題)는 Speculation On THE EVOLUTION INTELLIGENCE로 되어 있다. 저자인 세캉박사는 NASA(미국 항공우주국)를 중심으로 하는 우주개발 계획의 핵심 인물 중 한 사람이고, 지구외(外) 생명의 존재에 대하여도 제1급 연구자이다. 그는 우주과학자이면서 동시에 분자 생물학자인데, 이 책에서는 지성(知性)의 기원이나 진화를 설명하고 오늘날의 자연과학, 특히 뇌신경 과학의 첨단 지식을 도입시켜 인간의 본성이나 미래를 추리하고 있다.

저자는 순수한 뇌생리학자가 아닌만큼, 세계에서 가장 권위있는 최신 연구 성과를 수집하고 그것을 자기 전문인 우주생물학적 지식을 기초로 정리하였으므로 나와 같은 입장인 사람이 읽는 경우는 모두가 객관적이고 색다르게 긍정되면서 쉽게 이해되는 것이다.

그는 뇌기능에 관하여 미국 국립정신위생연구소의 뇌진화행동연구소장인 폴 마클린씨의 주장에 긍정적인 듯하다.

## 1) 낡은 피질과 새로운 피질(皮質)

그런데 도키미(時實)씨가 주장하는 바를 보통(뇌기능에 대한 문외한)*사람에게 이해할 수 있도록 설명하면 다음과 같다.

"우리들 인간을 동물이나 컴퓨터와 구별하여 인간답게 만들고 있는 것은 인간의 뇌기능때문이다. 여기에서 인간의 뇌기능과 동물의 뇌, 컴퓨터 원리를 조사하여 본질적인 차이를 발견하면 '인간적인 모습'을 알게 되는 것이다.

뇌는 두개골 속에 있는 중추신경계를 관장하고 있는데, 뇌의 구조는 다음과 같다. 우리 인간의 뇌는 대뇌와 소뇌로 분류할 수 있고 소뇌는 후두부에 있으며 뇌전체 중량의 약 11％이다. 소뇌는 직접적으로 정신작용과 관계없고 자세나 운동을 조절하고 있다. 따라서 조류(鳥類)와 같이 민첩하게 운동하는 동물은 소뇌가 크고 잘 발달되어 있다.

대뇌에는 좌우 2개의 반구상(半球狀)인 대뇌 반구가 붙어있고 그 사이에 몽둥이같은 모양의 뇌간(腦幹)이 있다. 이것이 큰 대뇌를 지탱하는 줄기 부위인데, 중뇌(中腦)·뇌교(腦橋)·연수(延髓)로 구성되며 척수와 연결되고 있다. 이 뇌간에서는 정신활동과는 관계없이 그저 '살고 있다'는 생명의 보장이 이뤄지고 있다. 이를테면 연수에는 생명유지에 중요한 호흡과 순환기 중추가 있다.

여기에서 문제되는 것이 대뇌인데, 대뇌반구의 표면에는 많은 주름과 홈이 있고 여기에서 가장 깊고 긴것이 둘 있는데, 하나는 머리 끝에서 아래로 뻗어있는 것이 중심구(中心溝)이고 또 하나는 왼쪽 앞 아래에서 비스듬히 뒤로 뻗혀있는 것으로 외측구(外側溝)라고 한다.

이 두개의 홈을 경계로 하여 앞쪽 영역을 전두엽(前頭葉), 뒷쪽은 두정엽(頭頂葉), 측두엽(側頭葉), 후두엽(後頭葉)으로 구분되고 있다.[그림 4] 참조. 그리고 우리 인간의 뇌는 특히 전두엽과 측두엽이 다른 동물에 비해 탁월하게 발달되고 있다.

그런데, 이 대뇌의 표면에는 두께 약 2.5㎜의 피질이 있고 이것

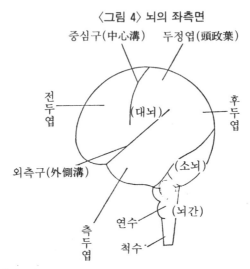

〈그림 4〉 뇌의 좌측면

을 '신피질'이라고 부르는데, 여기에는 고도의 인간 정신을 만들어내는 신경세포가 약 140억개 있고 대뇌반구의 표면을 둘러싸고 있다. 마치 만두의 엷은 껍질과 비슷하다. 이 '신피질' 밑에는 또하나의 엷은 막이 감겨져 있는데 이것이 별도의 대뇌피질이다. 이것이 구피질(舊皮質)과 고피질(古皮質)로 된 변연(邊緣) 피질인데, 이 구피질과 고피질은 작용이 비슷하므로 2개를 합하여 쉽게 '낡은 피질'이라고 부르고 있다. 이 낡았다거나 새것이란 것은 학문상의 이름이고, 계통발생적으로 볼 때 하등동물에게 이미 있는 것을 '낡은 피질'이라고 하고 고등 동물에서 발달되고 있는 것을 '새로운 피질'이라 부르고 있다. 따라서 이'낡은 피질'은 하등동물에도 있고 여기에서는 본능적 욕구나 정동(情動)과 관계된 정신작용이 나타나고 있다.

인간을 포함하여 척추동물에서는 소뇌나 뇌간과 '낡은 피질'이 공통적이지만, '새로운 피질'의 발달 상태는 동물에 따라 매우 다르고 인간은 특별히 잘 발달하여 분화되고 있다. 이러한 사실

〈그림 5〉 대뇌의 기본적 구성

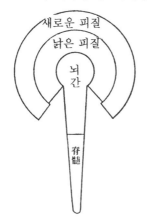

에서 인간을 특징지우는 정신은 '새로운 피질'의 기능때문이라고 생각할 수 있는 것이다.

그런데, 우리들은 뇌간에서 만들어지고 있는 생명의 보장을 기초로 태어날 때부터 왕성하게 성장된다. 그것은 '낡은 피질'에서 만들어진 본능적 욕구와 정동적(情動的)인 마음덕택이다. 이것들은 가르쳐 주지 않아도 선천적으로 구비되어 있다. 쉽게 말하면 '낡은 피질'은 태어났을 때 완성되어 있고 생후 부터 발달되는 것은 '새로운 피질'의 핵심인 것이다.

이 '낡은 피질'의 작용인 본능에는 크게 나누어 개체 유지를 위한 식욕과 종족 보존을 위한 성욕, 그리고 또한가지 매우 중대한 욕망인 집단욕이 있다. 이것은 무조건 '혼자있기 싫다' '여러 사람과 같이 생활하고 싶다'는 욕망이고 본래 인간이란 고독한 환경에서는 인내하기가 어려운 것이다. 이같은 사실은 동물에서도 마찬가지인데, 각종 실험이 이를 증명하고 있다.

그리고 정동(情動)적인 마음이란 구체적으로 말해서 쾌감,

불쾌감, 분노, 공포심 등이고 이것이 있으므로서 동물들은 동족 간에 살생이 없는 것이라고 생각할 수 있다. 특히 중요한 것은 공포심을 나타내는 도주나 항복의 작용이다.

## 2) 결정적인 것은 '전두연합야(前頭連合野)'

다음에 '인간다움'의 근원인 '새로운 피질'에 대하여 설명하면 고등동물일수록 '새로운 피질'이 분화 발달되고 있다. '새로운 피질'에서는 여러가지 정신이 생성되고 있는데, 이들은 각각 다른 부위에서 분업 체제를 이루고 있고 운동과 관계되는 운동야(運動野)와 각종 감각을 관장하는 감각야(感覺野)[청각야(聽覺野), 피부감각야, 취각야, 시각야 등], 그리고 이들 이외의 연합야(連合野)로 나누어 부르고 있다.

이와같이 분리시켜 조사해 보면, 우리 인간의 '새로운 피질'은 대부분 연합야로 되어 있고 다른 동물과 비교해 볼 때 하등동물일수록 연합야가 작다는 것을 알 수 있다. 이 연합야 중에서도 두정엽(頭頂葉)과 후두엽에 있는 부위인 두정후두(頭頂後頭) 연합야에서는 지각(知覺), 이해, 인식의 정신 작용이 기능하고 여기에서는 주로 정보를 입력(入力)하는 작용이 일어나고 있다.

이와는 달리, 전두엽의 앞 끝에 있는 전두엽합야에서는 사고(思考), 창조(創造), 의도(意圖) 등의 정신작용이 나타나고 있다. 따라서 목표 설정, 노력, 그 결과에 대한 즐거움과 슬픔 등의 정조적(情操的)인 마음은 모두 전두연합야의 작용에 의한 것이다.

그리고 인간을 인간답게 하는 것은 이 전두연합야에 의해서이다. 왜냐면 사람 이외의 동물에는 전두연합야가 없기 때문이다.

### 〈표 3〉 뇌와 인간의 특성

| | | | | |
|---|---|---|---|---|
| | 뇌 간<br>(腦幹) | 생명이<br>있는 부위 | 정신이나<br>마음이 없다 | 묵묵하게 건강을 지켜주고 있다. |
| | 소 뇌 | 운동신경이<br>있는 부위 | 정신이나<br>마음이 없다 | 자세나 운동을 조절해 주고 있다. |
| | 대 뇌<br>(낡은 피질) | 마음이<br>있는 부위 | 본능과<br>정동(情動) | 씩씩하게 살기 위해 태어나자 마자 완성된다. |
| | | | (본능) | 식욕·성욕·집단욕 등의 본능적 욕구 |
| | | | (정동) | 쾌감·불쾌감·분노·공포 등의 심리 |
| | (새로운 피질) | 정신이<br>있는 부위 | 인풋<br>(input:人力)<br>되는 기구 | 지각(知覺)·이해·인식 등 정보를 받아들임. |
| | 두정후두<br>연합야 | 지능이<br>있는 부위 | | |
| | 전두연합야<br>(前頭連合野) | 산'보람'이<br>있는 부위 | 아웃풋<br>(out put:出力)<br>되는 기구 | 사고(思考)·창조·의도(意圖) 등 의식(意識)을 나타낸다. |
| | | | 정조적(情操的)<br>정신 | 기쁨·슬픔·질투·시기심 등의 정신적 기능 |

左측 세로 구분: 모든 척추동물에 있다 / 고등동물에 있다 / 인간에만 있다

주 : 결국, 인간에게만 있다고 하는 것은 전두연합야이며, 이것이 인간의 특성이다.

주 : 가장 큰 모순은, 전두연합야를 계속 발달시키면 지혜와 함께 살생의 심리가 강해지는 점이다. 이에 대한 해결이 앞으로 호모·사피엔스의 과제인 것이다.

예외적으로 원숭이에게 약간 있으나 거의 기능하지 못한다. 그런데 우리 인간의 전두연합야는 매우 넓은 영역을 점유하고 있고 그 작용도 매우 활발하다. 이것이 인간과 다른 동물, 또는 인간과 컴퓨터의 결정적 차이이다"라고.

### 3) 인간의 특성은 '보람있는 삶'이다

이상으로 도키미(時實) 선생의 주장을 나, 나름대로 설명했는데, 이것을 정리하면 표 3과 같이 된다.

나는 도키미(時實) 선생의 '인간의 특성은 뇌의 구조에서 볼 때, 전두연합야의 작용인 '보람있는 삶'에 있다'는 사고방식에는 쌍수를 들어 찬성하고 싶다.

### 4) 3개의 뇌를 지니고 있는 인간은 고경(苦境)에 있다

다음에 도키미(時實)의 주장과 중복을 피하면서 '마크린'의 주장에 대하여 언급하려고 한다. 이 마크린의 사고방식은 전술한 도키미(時實)씨 이론을 전제(前提)로 판단하면 쉽게 이해할 수 있다. 그의 생각을 가급적 간단히 정리하면 다음과 같다.

"뇌의 구조는 생물의 진화에 따라 변화되어 왔다. 어류(魚類), 양서류(兩棲類), 파충류, 하등포유류, 고등포유류, 그리고 인간들은 진화에 따라 선조의 뇌보다는 새롭고 발전적인 변화를 지속하여 왔다. 말을 바꾸면, 전단계(前段階)인 생물의 뇌를 인수받아 그 기능을 그대로 자기뇌의 기구속에서 활용하면서 새로운 것을 첨가시켜 발전되어 온것 같다.

인간의 뇌에서 가장 낡은 부위에 있는 것은 척수와 연수, 뇌

〈표6〉 '마크린'이 주장하는 뇌 진화의 도식(圖式)

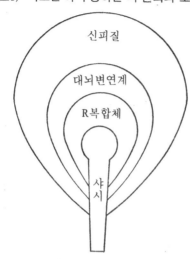

교, 중뇌이다. 이것을 신경의 샤시[chassis : 차대(車台)]라고 부르는데, 여기에는 심장이나 혈액순환, 호흡조절을 포함하여 생식과 자기 보전에 필요한 근원적인 신경기구가 장치되어 있다. 그런데, 이 샤시를 움직이는 운전수가 3개 있다. 이 중에서 가장 낡은 것이 파충류부합체(R 복합체)인데 중뇌의 주위에 있다. 그 대부분은 후각선조체(嗅覺線條體), 선조체(線條體) 및 담창구(淡蒼球)로 만들어지는데, 이것은 인간뿐이 아니고 다른 포유류나 파충류에도 있다. 아마도 몇억년 동안의 긴 역사를 통해 진화된 것일 것이다.

　이 R복합체의 바깥 쪽에 대뇌변연계(大腦邊緣系)가 있다. 여기는 격렬하고 때로는 생생하며 활성화된 정서를 만드는 것인 듯 하다. 이 대뇌변연계가 포유류에는 있으나 파충류에는 충분히 발달된 형태로 구비되어 있지 않다. 여기에서 알 수 있는 것은 1억 5천 만년 전부터 진화되어 왔다는 사실이다.

그리고 마지막 대뇌변연계의 바깥쪽에 있는 것이 신피질이다. 여러가지 동물의 신피질 중에서도 가장 정교한 것이 인간의 신피질이고, 이것은 고등포유류만이 구비하고 있다. 아마도 수천만년 전부터 진화되어 왔을 것인데, 그 발달은 인류가 출현한 시대인 수백만년 전부터 급격히 진행됐다고 상상할 수 있다[그림 6 참조].

이 신피질은 인간에게만 있는 특유의 인식기능이 많은 자리이고 전두엽, 두정엽, 측두엽, 후두엽의 4개로 나누어 설명할 경우가 많다. 옛날에는 신피질의 각 부위가 주로 신피질의 다른 장소와만 연락하고 있다고 생각되었다. 그러나 현재는 피질보다 아래쪽 부분과의 사이에도 신경에 의해 많이 연결되어 있다는 것이 확인되었다.

여러가지의 기능 중에서도 전두엽은 행위에 대한 숙고(熟考) 및 규제(規制)와 관계되고, 두정엽은 공간(空間)에 대한 지각(知覺)과 뇌와 육체 사이에서의 정보 교환과 관계되며, 측두엽은 여러가지 종류의 복잡한 지각 작용과 관계가 있으며, 후두엽은 시각이라고 하는 최고위의 감각을 관장하고 있다. 옛날에는 전두엽이 장래에 대한 예측과 계획과 같은 인간 특유의 기능에 관계되는 것으로 알려졌으나, 최근 연구에서는 더욱 복잡한 것으로 알려지고 있다.

어쨌던 전두엽의 여러가지 기능 중에서 그것은 2가지 다른 점에서 특히 인간적인 것과 연결되고 있다. 그 하나는 전두엽이 미래의 예측을 지배하고 걱정하게 되며 고민의 실태라는 점이다. 다른 하나는 인간을 두발로 설 수 있도록 한다는 점이다. 이에 따라 손이 자유롭게 물건을 만드는 데 사용되며 문화와 육체의 생리상(生理上) 인간적인 특색이 크게 가속화되게 되었다. 현실적으로 보면 문명은 전두엽(前頭葉)에 의해 발전된다고 할 수 있다."

　여기에서 도키미(時實)의 주장과 마크린의 이론을 연결시키면 여러가지 사실을 이해할 수 있게 된다. 마크린식으로 해설하면, R복합체와 대뇌변연계에는 정동(情動), 정서, 본능 등의 컨트롤 센터가 장치되어 있다. 그런데 신피질의 발달이 이 센터에 대하여 이론적인 사고, 논리, 질서같은 사고방법 등[언어 등의 사고(思考) 도구를 이용하여], 이성적인 사고방식으로 지시가 가능하게 되었다.

　그러나 우리 인간의 뇌에 있는 신피질의 진화속도가 지나치게 빨라 변연계(邊緣系)와 신피질 간의 기능에 분명히 말하면 단절 상태가 발생된 것이다. 그 이유는 강한 정동(情動)에 의해 좌우될 때, 신피질에서의 지령인 이성적 설득, 지적 설득은 매우 약한 영향력 밖에 가질 수 없고 신피질과 변연계 상호간의 연락은 일방적인 교통이 되고 말기 때문이다.

　아마도 인간의 뇌에서 나타나는 이 거대한 신피질의 발달은 뭣보다도 돌연변이(突然變異)에 유래되는 것 같다.

　샤시(chassis)를 운전하는 3개의 운전수에 대하여 마크린은 다음과 같이 설명하고 있다.

　"인간은 괴로운 입장[고경(苦境)] 속에 있다. 그것은 진실로 구조가 완전히 다른데도 불구하고 같이 기능하며 상호간 연락하지 않을 수 없는 3개의 뇌를 자연이 인간에게 주었기 때문이다. 하나는 파충류형의 것이고 또 하나는 하등 포유류형이며, 마지막 하나는 고등 포유류형인데, 이 최후의 뇌가 특히 인간을 인간적으로 만든 이성적(理性的)인 뇌인 것이다. 인간의 한가지 뇌속에 있는 이들 3가지 뇌에 대하여 설명하면, 파충류형 뇌는 낡은 전승(傳承)과 낡은 기억으로 가득차 있고, 선조들이 했듯이 행동하려고 한다. 조상들의 슈퍼에고[Superego : 상위자아(上位自我)]에 신경증적(神經症的)으로 묶여진 뇌인 것이다. 이에 대하여 하등포유류형인 뇌는 직접적인 체험을 기초로 여러가지 문제의 새로운 아푸러치나 해결을 배우는 능력을 갖고, 정서적 행동에 있어서 기본적 역할을 한다는 점에서 조상의 슈퍼에고를 일부분 해방시켰다.

그러나, 인간적인 뇌의 특성과 같은 이성적 능력, 감정을 말로 표현하는 능력은 갖지 못했다'고.

## 5) 인간은 모든 동물을 집대성 한 것

이제부터 '세캉' 박사가 《에덴의 공용(恐龍)》에서 논증(論證)하려던 것을 나 나름대로 정리해 보기로 한다.

"인간의 뇌는 현재 진화 역사의 최후단계에서 나타난 것이고 이제까지 존재했던 모든 생물의 뇌의 집대성(集大成)이다. 우리 인간의 뇌에는 물고기부터 개구리, 공룡과 같이 우리보다 진화의 전단계(前段階)에 있었던 모든 동물의 뇌가 수용된 것이다.

그 증거는 인간 태아의 뇌, 또는 모습, 내용, 기능의 진전을 조사하면 쉽게 알 수 있다. 독일의 해부학자, 에른스트 헥켈(E·H·Haeckel)은 '개체발생(個體發生)은 계통발생(系統發生)을 반복한다'고 주장했는데, 그것은 동물의 태아가 발생을 시작할 때 조상이 더듬어 온 진화 과정을 반복한다는 것이다.

인간의 태아는 수태(受胎) 후 3주간이면 어린 물고기와 흡사하다. 아기는 제대(臍帶 : 탯줄)로부터 영양공급을 받으므로 새열 등이 전혀 불필요한 데도 어류 단계일 때는 새열까지 생긴다. 인간의 태아의 뇌는 7주간만에 양서류(兩棲類)와 비슷한 뇌가 되고 몸의 형태도 올챙이와 흡사하다. 그리고, 3개월 째는 공룡이나 악어, 새우와 같은 파충류로, 그리고 7개월째는 침팬지와 그리고 10개월이 되면 인간의 아기로 태어나는데, 이때 물고기나 개구리, 공룡 등의 뇌 핵심이 인간의 뇌속에 구비되어 있다고 생각하는 것이 타당하다.

그리고 가장 새로운 형태인 인간의 뇌는 다른 동물과 달리 인간적인 감정이나 이성, 지성을 관장하는 신피질이라는 것을 지니고 있다. 영장류(靈長類)에도 신피질이 있으나 그것은 매우 얇고 작다. 그리고 현재에 있어서는 인간만이 신피질의 기능을 100 % 활용하고 있다.

그래서 우리들은 인간으로서 존재하는 것인데, 역설적으로 말하면 우리는 다만 인간일뿐만 아니라 현재 모든 동물의 집약된 뇌를 가지고 있는 동물이기도 하다. 우리들은 이것을 알고, 다른 동물이나, 인간에 대해서 장래에 대처하여야 되는 것이다"라고.

이제가지 반복적으로 인간의 뇌에 대하여 설명하였는데, 독자들은 인간이 어떤 존재이고 어떤 특성을 지니고 있는가를 뇌생리적으로 또 기능적으로 이해할 수 있었을 것이다.


## 2. 사회와 타인과 자기에게 최선을 다 한다


도키미(時實) 선생식으로 말한다면, '보람있는 삶'은 전두연합야의 작용인 사고(思考), 창조, 의도 등 표출되는 여러가지 기능을 훌륭하게 활용하므로서 즐거움을 느끼는 것이 목표가 될 것이

다. 아니, 목표로 삼아 실천하여야 될 것이다. 나도 여기에 대하여
같은 의견이다.

그러나 세칸박사의 말은 아니지만, 인간이란 현존하는 모든
동물을 집대성한 것이다. 모든 동물적인 특성을 살리면서 이성
(理性)과 정동(情動)과의 모습을 해소시켜야 된다. 그러기 위하
여 표 3에서 나타난 뇌와 인간의 특성 등에서, 나는 인간의
'보람있는 삶'을 다음과 같이 생각하는 것이 올바르다고 보는
것이다.

(1) '삶의 보람'이란, 우선 [표 3]의 '도키미(時實)'식으로 본다
면
① 건강하고[뇌간(腦幹)]
② 충분히 운동할 수 있으며[소뇌(小腦)]
③ 본능충족이 가능하며[낡은 피질]
④ 지능이 계속 확충 되며[두정(頭頂), 후두연합야(後頭連
合野)]
⑤ 그 위에
생각하는 즐거움=사고 충족(思考充足)
창조하는 즐거움=창조성 충족(創造性充足) ⎫ 이 가능 (전두
의지 결정의 즐거움=의도 충족(意圖充足) ⎭ 연합야)

(2) 그리고 '마크린'식으로 본다면
⑥ 고민이 있어도 꿈을 가지며, 이성과 정동(情動)의 갈등
을 슬기롭게 처리하는 의지력의 강화도 중요한 '삶의
보람'이다.

(3) 다시 '세칸'식으로 본다면
⑦ 모든 동물의 집대성인 인간으로서 자연, 모든 동식물
(動植物), 사회에 책임을 지고 이 세상의 발전을 위해
노력하는 것, 즉 사회에 대하여 은혜를 베푼다는 것은

가장 높은 삶의 보람이 될 것이다.

(4) 그 밖에 주의할 점은

　⑧ 인간으로서의 현명(賢明)과 우둔(愚鈍)이란 지적(知的) 수준의 향상=지혜를 추구하면 할수록 살생적(殺生的)인 심리도 나오기 시작한다는 주장도 있다는 것이다.

　그리고 죽이려는 마음을 지니고 있으면서도 고독을 참지 못하는 본능=집단욕(集團欲)을 가지고 있다. 이같은 모순의 해결을 위한 약속, 즉 도덕, 관습, 법률, 종교 등을 보다 더 향상시키는 것=사회성의 추구가 인간으로서는 강력한 삶의 보람을 생성할 것이다.

　이상과 같이 생각할 때, '삶의 보람'이 분명히 부각되어 온다. 이것을 정리하면 다음과 같이 된다.

---

● 자기가 인간으로서 태어난 사실에 책임을 지며 사회성(社會性)을 추구한다=사회를 위해 은혜를 갚는다.=공적(公的) 존재로서의 자각(自覺)

● 호머 사피엔스로서 살기 위해 의지력을 강화하자.=결점과 모순의 자각

● 인간의 특성인 사고(思考), 창조, 의도, 꿈 등 지성적(知性的)인 결과를 위해 노력하자.―인간성의 자각

　그러기 위하여는 건강에 힘쓰고 본능을 충분히 컨트롤하며, 지능 확충을 위해 여러가지 방법을 동원한다.=기본적 노력의 自覺

---

　이상이 우리 삶의 방법=삶의 보람을 위한 모범 답안인 것 같다.

이것을 더욱 집약시키면 다음 표 4와 같이 된다.

〈표 4〉 삶의 보람 〈사는 목적〉

| 좋은 인상(人相)을 갖도록 하자 | 이 세상을 위해 은혜를 많이 베푼다(사회에 대해) 타인의 인간성을 존중한다 (스스로 겸허하게) | 이 세상의 구조 인간의 구조 } 를 알고 건강·본능을 컨트롤 한다. |
|---|---|---|
| 좋은 두뇌를 갖도록 하자 | 자기의 인간성(지성) 향상에 전력을 다 한다. | 지능 확충을 위해 여러가지 노력에 힘쓴다. |

결국 인간으로서 태어난 이상 좋은 인상(人相)과 훌륭한 두뇌를 갖기 위해 매일 노력하자는 것이 되는데, 이 인상과 두뇌에 대하여는 다음 12장에서 '운명'이나 '숙명'과 관련하여 언급하려고 한다.

여기에서는 두뇌의 기본 구조 중에서 건강, 본능의 컨트롤, 지능 확충을 위해 플러스가 되는 몇가지를 설명하려고 한다.

결국 인간으로서 태어난 이상, 좋은 인상(人相)과 훌륭한 두뇌를 갖기 위해 매일 노력하자는 것이 되는데, 이 인상과 두뇌에 대하여는 다음 12장에서 '운명'이나 '숙명'과 관련하여 언급하려고 한다.

여기에서는 두뇌의 기본 구조 중에서 건강, 본능의 컨트롤, 지능 확충을 위해 플러스가 되는 몇가지를 설명하려고 한다.

## 3. '보람있는 삶'의 근본은 건강 · 본능 · 지능

### 1) 건강은 자기 책임, 하루 한번 땀을 낼 것―실천적인 노화억 제법

표 3에서 설명한 바와 같이, 뇌간(腦幹)은 생명의 핵심이고 소뇌는 운동의 핵심 자리이다. 이들은 척수와 함께 묵묵히 건강을 지켜주고 있다. 그렇지만 아무래도 뇌간이나 소뇌, 척수만으로 긴강이 유지되지 못한다는 것은 누구나 쉽게 알 수 있다. 이들 기관(器官)은 생명이나 건강을 관리하고 있는 것이고 관리되고 있는 몸 전체의 여러가지 기관이 건전하지 못하면 생명이나 건강은 유지될 수 없다.

나도 40대 후반이기 때문인지 작년에는 처음으로 치과병원을 찾았다. 의사는 이제 처음 온 것은 매우 드문 일이고 비교적 건강한 치아라고 말했다. 또 눈이 침침해졌다. 고등학교 때부터 근시안으로 안경을 썼으나 최근에는 신문이나 독서할 때 안경을 벗는 것이 오히려 편하게 되었다. 밖에서는 안경을 쓰고 가까이 볼때는 벗어야 되는 불편이 자연스럽게 생긴 것이다. 말하자면 노화(老化)를 분명히 느끼게끔 됐다고 생각된다.

최근에 와서는 이와같은 신체적 쇠퇴 즉, 노화에 대하여 여러가지 사실이 과학적으로 알려지기 시작했다. 예를들면 미각(味覺)은 13세 정도에서 부터 노화가 시작된다. 그러니까 아무거나 맛있게 먹는 것은 13세경이 피크(최고 상점)인 것이다.

여성들이 신경쓰는 피부는 20세경이 피크이고 30세가 되면 심하게 노화가 시작된다. 그러나 40세가 지나고 동창회에서 친구

끼리 만나면 좋아하든 말든 노화의 개인차에 신경쓰게 된다. 나도 30세경, 머리가 벗겨져 30대인데도 50대처럼 보였고 자기만 이 늙은 것 같아 언짢은 일이 있었다. 그러나 최근에는 별로 외모가 달라진 바 없고 대화 내용, 실천력, 행동력에서 볼 때도 가장 동창 중에서 젊다고 느끼게 되었다.

어쨌든 노화(老化)의 개인차는 25세에서 ±(플러스 마이너스) 2년, 즉 젊게 보면 23세 늙게 보는 것이 27세이고 35세에서는 ±4년, 45세에서는 ±6년, 또 55세에서는 ±7년, 65세에서는 ±8년이므로 젊게는 57세로 그리고 늙게 보면 73세처럼, 그러니까 16년의 생리적 연령차가 생긴다고 할 수 있다. 이것은 교토(京都)의대의 야마타(山田博)박사[해부학]의 발표인데 이같은 개인차의 원인은 어디에 있는 것일까?

노화란 것을 의학적으로 볼 때, 최근에 와서는 세포수의 감소 때문으로 알려져 있다. 인간의 몸을 구성하고 있는 세포는 전부가 수십조(兆)개로 알려져 있고 나이와 함께 이것이 점차로 감소된다.

이들 세포에는 뇌신경 세포처럼, 출생때와 같고 한번도 세포 분열을 하지 않는 세포(분열종료 세포, 영구세포, 비증식계 세포)와 끊임없이 분열을 반복하고 새로 생긴 세포와 낡은 세포가 교체하고 있는 세포(분열세포, 재생세포, 증식계세포)의 2종류가 있는데, 대부분은 분열·재생·증식계 세포이다.

이 분열세포는 계대(繼代) 세포인데, 암세포를 빼놓고는 일정한 회수의 분열을 반복하면 반드시 사멸한다(암세포에 대하여는 연구중이다). 각종 세포에 대한 계대배양(繼代培養) 실험이 왕성하게 실시되고 있는데 같은 종류의 세포에서도 태아의 세포는 회수로 볼때 어른 세포의 2~3배 더 배양된다.

구체적인 숫자로 말하면, 태아 세포는 일반적으로 40대(代)에서 60대경 까지는 계대(繼代)배양이 가능하다. 그리고 그 대부분은 40대나 50대에 돌연히 사멸한다. 이것이 어른의 세포라면 20대(代)에서 사멸되고 가장 장수하는 것으로 알려진 거북이의 세포는 100대 이상도 계대배양이 가능한 것으로 알려져 있다.

이와같이 우리 몸을 구성하고 있는 각종 세포도 수명이 되면 사멸하고 감소되는 것이 노화 현상인 것이다. 인간의 수명이란 우리 몸을 구성하고 있는 수십조의 세포 중 노화로 ⅓정도가 감소되면 끝나는 것으로 알려져 있다. 이것이 노쇠사(老衰死)라는 것인데, 일반적으로 알려진 것은 뇌쇠로 죽는 사람은 거의 없고 사인(死因)의 태반은 성인병이다. 노뇌사의 비율은 노인의 사망 원인 중에서도 1% 정도에 불과한 것으로 알려져 있다. 나이가 들면 전체적인 노화의 결과때문에 질병에의 저항력이 없어지는 것이다. 이제까지 노화에 대하여 알려진 것을 설명했으나 실태는 매우 복잡하고 여러가지 인자(因子)가 여기에 관계되는 것 같다.

우리 인간의 몸에 대하여 알려진 것은 "충분히 성장된 우리 신체는 외관상 아무런 변화가 없는듯이 보이나 사실은 끊임없이 유전(流轉)하고 있다. 몸을 구성하고 있는 수십조의 세포 중, 5천만 정도는 1초 정도에서 죽고 거의 비슷한 새로운 세포가 생성되고 있다. 개개의 세포 수명을 보아도 백혈구는 2주간, 적혈구는 4개월 정도이다.

어쨌든 우리 몸의 알맹이는 끊임없이 신구(新舊) 교체를 반복하면서 평형(平衡)상태를 유지하고 있다. 하나 하나의 세포 대부분은 대대로 계승되는 것이지만 이것도 전술한바와 같이 태아의 세포 하나를 아무리 이상적인 환경에서 배양, 분열시켜도 약 50대(代)에서는 돌연 사멸하는 것이다.

　나이가 들면 이같은 결과에 따라 세포의 신구 교체가 조금씩 어긋난다. 이것이 노화와 연결되는 것인데 무엇때문에 이 노화가 생기는가에 대하여는 아직 의학적으로 분명하지 않다"는 것이다.

　이제까지 노화에 대하여 설명한 것은 주로 나고야(名古屋) 대학 교수인 다우찌(田內久) 선생과 국립유전학연구소 구로누마(黑沼行昭) 박사의 연구나 논문 내용을 나름대로 정리한 것인데, 그렇다면 이 불가피한 노화를 지연시키는 것은 불가능한 것인가?

　노인에게도 개인차가 있는 이상 당연히 가능하다고 생각할 수 있고 또 여러가지 연구도 진행되고 있다.

　'40세가 지나면 자기 건강은 얼굴과 마찬가지로 자기의 책임이다'라고 나는 최근에 소신을 갖게 되었다. 그 이유는 다음과 같다.

　먼저 현재까지 알려진 노화 진행의 주요 핵심을 열거해 보자.

　① 육체적 젊음과 정신적 젊음은 상호 보완적인 작용이 있고 관계가 깊다. 예를들면 '염분(鹽分)'의 과잉 섭취가 몸이나 뇌를 빨리 노화시키는 주요 원인이라는 것이 지적되고 있다.

　② 또 '고생스럽게 노력하고 즐거운 생활'을 유지하는 것이 뇌를 가장 노화시키지 않고 정신을 젊게 유지하며 육체적 노화도 지연시킨다는 것도 알게 되었다.

　이와 함께 주의하여야 될 것은 양심의 가책때문에 고민하는 것과 같은 욕망, 예를들면 '수단방법을 가리지 않고 돈을 벌겠다'거나 '남을 쫓아내더라도 출세하고 싶다'는 것과 같은 욕망은 무서우리만치 뇌의 노화를 촉진하는 것이다.

　③ 스포츠는 일반적으로 노화를 중단시키며 그 진행을 지연시킨다. 그러므로 매일 적절한 운동을 계속하는 것도 도움이 된

다.

그 이유는 생리기능의 효율화, 정신적 스트레스의 해소 그리고 산소의 섭취능력 유지 및 강화에 의해 신진대사를 왕성하게 한 다.

④ 니혼(日本)대학의 시라이시(白石) 교수에 의하면, 체력유 지=노화를 지연시키기 위하여는 5가지 지켜야 될 원칙이 있다 고 한다.

이것은 과부하(過負荷)의 원칙, 점진성의 원칙, 계속성의 원 칙, 개별성의 원칙, 자각성(自覺性)의 원칙 5가지이다. 이 중에서 특히 중요한 것이 과부하의 원칙인데, 땀을 흘린 뒤 닦고 푸푸하 고 숨을 몰아쉬며 약간 지친 정도의 운동을 하루에 한번 하지 않으면 효과가 희박하다는 것이다. 환언하면 하루에 한번쯤은 맥박이 1분간 120정도 되게 부하(負荷)시키지 않으면 장수할 수 없다는 것이다.

어쨌든 건강은 자기 책임이다. 노화를 방지하기 위해 하루 한번 땀을 흘릴정도로 운동에 노력하여야 되고 정신적 젊음을 유지하기 위해 머리를 단련시키면서 즐겁게 살아야 되는 것이 다. 이와 동시에 노화를 촉진하는 것, 이를테면 스스로가 타락적 인 생활(불규칙적 생활, 과식, 과음, 밤샘 등)이나 정신적 불안과 초조, 양심적 가책 등은 가급적 피해야 되는 것이다.

여기에서 나를 예를들어 설명하기로 한다.

나는 매우 바쁜 사람이다. 할 일이 산처럼 많다. 더구나 매년 1월 초에는 그해 사업의 80% 정도가 확정된다. 이와같이 하지 않을 수 없는 일이 많으므로 하고 싶은 일을 하려면 수면시간을 단축시킬 수 밖에 다른 방법이 없다.

이 중에서 노화방지나 체력유지를 어떻게 하느냐 하면, 197 7년 8월 15일 부터 매일 아침 '줄없는 줄넘기'를 시작했다. 이것은 항상 건강문제를 자문받고 있는 나까야마(中山)암연구소의 후꾸지마(福島通夫) 부소장으로부터 배운 것이다. 그에 의하면 '매일 줄없이 줄을 가진듯이 돌리면서 하루에 2천번 정도 두다리를 가지런히 뛴다. 그러면 시간적으로도 20분 안에 끝낼 수 있으며 장소도 필요없고 땀이 나면서 결과적으로 가장 효과적이다' 라고 해서 나도 이것을 모방한 것이다.

맨 처음에는 100번 정도에서 숨이 찼다. 그러나 점진성과 계속성의 원칙에 따라 매일 조금씩 횟수를 증가시켰다. 이 '줄없는 줄넘기'는 여름에 300회, 겨울에는 600회로 땀이 흐른다. 이 정도는 과부하의 원칙에도 해당되고 나같이 바쁜 사람에게 있어서는 (땀흘리는 것 이외의 즐거움이 있다 해도) 골프로 3시간, 산책으로 1시간 낭비하는 것 보다는 이 방법이 시간과 장소를 효율적으로 활용하게 된다. 또 이것은 개별성(個別性)의 원칙에도 해당되며 물론 체력유지, 노화방지라는 자각(自覺)도 있으므로 자각성의 원칙에도 알맞는 것이다.

이와 동시에 노화를 재촉하는 일은 미련없이 중단했다. 물론 나는 보통사람이므로 100% 결심한 바를 전부 지킬 수는 없으나 부득이 한 경우 이외에는 밤 10시에 자택으로 귀가한다. 출장중이어도 호텔로 돌아온다. 그리고 11시에는 수면에 들어간다. 폭음과 폭식도 중지했다. 술을 좋아하는 편이지만 하루에 한 종류만 마시며, 정종으로 5홉(合), 물탄 위스키는 5~6잔에서 중단한다. 그리고 1주에 하루는 반드시 금주일로 정하고 있다.

이밖에 뭣보다도 중요한 것은 4~5년 전부터의 일이지만 양심의 가책과 관계되는 일에는 결코 타협하지 않는다는 사실이다. 그래서 나는 현재 상상할 수 없을 정도로 바쁘면서도 초건강을 유지하고 있고 외관상 대머리에서 오는 것은 별도로 하고 체력, 사고방식, 행동에 있어서 동년배보다는 훨씬 젊음을 유지하고 있다고 자부하는 것이다.

## 2) '낡은 피질'의 작용, 본능과 정동(情動)을 잘 살리자

학창시절의 나는 농업경제학을 전공했다. 졸업 논문은 〈경제외 강제(經濟外強制)와 봉건제(封建劑)〉인데, 당시는 맑스 경제학에 빠져 있었다. 지주, 소작제도가 남아있던 제2차대전 전의 농촌에서 농부의 장남으로 태어나 전쟁 직후의 농지해방을 목격했고 1945년 경에 학창시절을 보냈으므로 어느정도 이해할 수 있을 것이다.

그런데, 대학 졸업후 나는 심리학과 인연을 맺게 되었다. 심리학을 연구하지 않을 수 없는 직장에 근무하였기 때문인데, 학생시대에는 경제외 강제(強制)라고 하는 지연(地緣), 혈연(血緣), 신분, 은혜와 덕의(德義) 등의 작용에 흥미를 느꼈기 때문에 쉽게 심리학의 세계에 뛰어들 수 있었다.

그 이후 20여년간, 나는 심리학에도 한편 관심을 가지면서 나의 본업인 경영 컨설턴트 사업에 전력투구하고 있다. 그리고 훌륭하게 발전했다. 따라서 심리학적 지식에 대하여는 이제까지 기술한 뇌생리학에 관한 지식보다는 더욱 해박하다. 그렇지만 나는 심리학자가 아니므로 매우 편안하다. 그 이유는 학자가 아닌 사람은 구애받는 일이 적기 때문이라고 할 것이다. 여기에서 이것을 구체적으로 설명하는 것은 심리학 특히 본능이나 정동 (情動)에 관하여 오래 전부터 연구를 하여왔고 여기에 대하여는 다양한 지식을 지니고 있다. 따라서 여기에서는 철저하게 분석하고 싶었으나, 본서의 성격과 구성상 또 페이지 관계상 뇌생리적 측면만을 한정적으로 설명한 것은 반드시 이것만은 독자가 알아둘 필요가 있었기 때문이다.

　도키미(時實)식으로 말한다면, 대뇌의 '낡은 피질' 작용이 본능이나 정동이 된다. 그리고 이 두가지는 열심히 살아가기 위하여 출생과 함께 완성된 것이고 저질의 동물에도 있는 것이다. 그런데 고급동물인 인간은 '새로운 피질'이 발달되고 특히 전두연합야(前頭連合野)가 발달되고 있으므로 지성(知性)이 있고 인간적인 특성이 있다. 그것이 즉, 이성(理性)인 것이다.

　그리고 마크린은 "본능적으로 작용하는 R복합체와 주로 정동(情動)기능을 컨트롤하는 대뇌변연계, 그리고 이성을 컨트롤하는 '신피질'은 구조나 작용도 다르다. 그러나 이 완전히 다른 3가지가 잘 기능적으로 연결되어야 하기 때문에 인간은 고통스런 고경(苦境)에서 헤매게 된다"고 말하고 있다.

　요컨데, 본능이나 정동도 그리고 이성도 함께 인간인 이상 지니고 있는 것이고 이들 상반된 것을 잘 조화시키는데 인간의 지혜가 있다고 생각하는 것이 올바른 것이다.

　여기서는 이성과 정동(본능)의 컨트롤에 관하여 생각해 보기로 한다.

　'어린이의 분노는 드라이(Dry : 무미건조)하지만, 어른의 분노는 웨트(Wet : 감상적) 하다'는 것은 도키미(時實) 선생의 이야기인데, 여기에서 어린이는 웃다가도 즉시 울고, 또 웃기 때문에 쉽게 이해할 수 있는 있다. 그러나 어른들은 성을 내도 외관상 나타나지 않고 속에 박혀 있어 잊기가 어렵다. 이것은 어린이의 성냄이 배가 고프거나 오줌을 쌌다거나 하는 본능적인 욕구에 근거된 것이고, 단순히 '낡은 피질의 작용'뿐인 정동적 기능인 것을 나타내고 있다. 그런데 어른들의 분노는 '새로운 피질'의 이성에 의하여 억압되고 더구나 '새로운 피질'이 얽혀 있으므로 그리 간단히 분노가 해소되지 못하는 것이다.

이성에는 본능이나 정동을 억제하는 기능이 있다. 그리고 이것이 본능이나 정동에 대한 이성의 의무이기도 한 것이다. 또 이것은 인간의 지혜이다. 모든 인간이 어린애처럼 돌연 성내고도 쉽게 이것을 잊는다는 것은 편리한듯 해도 많은 주위사람들에게 괴로움을 끼치게 되므로 사회생활을 불가능하게 만드는 것이다.

이와같은 드라이(dry)한 인간＝정동 인간은 노발대발하며 즉시 폭력을 휘두르는 경향이 있다. 이성의 컨트롤이 어려운 ('낡은 피질'의 작용이 강한) 정동 인간 때문에 '낡은 피질'의 작용을 약화시키는 것은 정신안정제(精神安定劑)다.

한편, 평소에는 얌전한데도 음주하면 돌연 과격한 인간들이 있다. 이것은 알콜에 의하여 이성의 억제력이 약화되는 결과인데, 말하자면 술에 취한 사람은 일시적인 정동인간의 모델이고, 뇌기능에서 본다면 어린애로 후퇴한 어른이기도 하다.

그러나 인간은 인간인 만큼, 본능이나 정동도 충족되어야 한다. 인간의 본질을 이성적인 관점에서 해석한다는 것은 바람직한 것이지만, 인간의 인간다운 면모는 본능이나 정동을 강하게 갖는다는 것도 부인하기 어렵다. 한 예를들면, 포기하기 어려운 슬롯머신, 인버더 게임, 경마 등의 도박은 승리했을 때의 쾌감을 잊을 수 없는 정동적인 것이 중심이 되어 있다. 그리고 술뿐이 아니고, 노래나 춤과 함께 리듬에 취하는 것도 '새로운 피질'을 억제시켜 '낡은 피질'의 작용인 정동이나 본능을 해방시키기 위한 것이다.

그러므로 인간생활에 있어서는 인정되는 범위안에서의 '젊은이다운 패기'나 '어른다운 냉정함'도 필요하다고 할 것이다. 사람은 그러므로 웨트(wet)와 드라이(dry)한 인간이어야 되는 것이다.

호세이(法政)대학의 강고우(乾孝) 교수는《재미있는 심리학》(베스트셀러사 발간) 중에서 '바이킹 요리에서 배우는 본능(本能)영양학'이란 제목으로 재미있는 사실을 기록하고 있다.

아기가 태어난 후, 6개월에서 1년 사이에 20종 정도의 여러 가지 영양소가 함유된 음식물을 준비하고 6개월부터 1년간 자기 스스로 먹을 것을 선택하는 실험을 한 결과, 모든 어린이가 충실하게 성장했을 뿐만 아니라, 처음에 곱사병 증상이 있었던 어린애는 간유를 즐겨 먹고 자연스럽게 곱사병을 고쳤다는 것이다. 더구나 곱사병이 호전된 다음에는 간유를 먹지 않았다고 하므로 놀랄만 하다.

다만, 여기에서 생각할 수 있는 것은 생후, 1~2년의 어린애는 아직 이성적인 신피질이 아직 발달되지 못하고 있다(이에 대하여는 추후 설명하겠다). '낡은 피질'과 '새로운 피질'의 지능의 자리만이 움직이지 않고 있으므로 인간적인 지혜가 없어 오히려 본능적으로 잘 적응되는 듯 하다.

본능이나 정동만으로 살아가는 단계를 진화의 과정에서 통과한 사람은 뭣보다도 이성과 이들 '낡은 피질'의 기능을 잘 조절하지 않으면 안된다고 생각할 수 있다.

인간이 인간인 이상, 만일 인간을 만든 조물주가 있다면 조물주의 뜻에 따르는 것이 역시 인간일 것이다.(여기에 대하여는 12장에서 언급한다).

정동의 작용은 유쾌, 불유쾌, 공포, 분노 등이고 본능은 식욕, 성욕, 집단욕 등이라는 것은 이미 기술했다(〈표 3 〉참조).

이 정동이나 본능을 잘 컨트롤 하지 못하면 나쁜 영향이 어떻게 나타나는가를 몇가지 예를 통해 설명하자.

성을 내고 무서워하여 감정이 상승되거나 강한 심리적 긴장상태가 생기는 것을 물리적(物理的)으로 말하면 '낡은 피질'속에 있는 대뇌의 시상하부(視床下部)를 자극하고 있는 것이 된다. 이 시상하부에는 내장이나 혈관의 여러가지 활동을 지배하고 조절하는 신경인 자율신경의 중추가 있다. 어떤 학자가 원숭이의 시상하부에 전극(電極)을 삽입시켜 매일 몇분간씩 전기자극을 가했다. 그리고 얼마후에 그 원숭이를 개복하여 조사한 결과 완전한 십이지장 궤양증상이 있었다는 실험결과가 보고되고 있는데, 이같은 실험은 가장 기초적인 것이다. 뇌생리학자나 심리학자들은 누구나가 알고 있는 것이지만, 다음과 같은 사실이 확인되고 있다. 토끼의 사료에 콜레스테롤을 많이 혼합시켜 두 그룹의 토끼에게 제공했다. 그리고 그중 한 그룹에 대하여는 매일 시상하부에 선기를 자극했으나 다른 한 그룹에는 아무런 자극을 가하지 않았다. 얼마 지난 후, 자극을 주지 않은 토끼군은 아무렇지 않았으나 전기 자극을 받은 토끼군에서는 줄줄이 모두 동맥경화증이 발생되었다. 이 원리는 인간에게서도 마찬가지다.

인간도 다툼·고민·공포에 시달리면 복통이나 설사를 일으키고 식욕도 없어진다. 식은 땀이 나거나 목소리가 위축되고 손이 벌벌 떨리기도 하며 안절부절이나 불면증에 시달리기도 한다. 이같은 상태일 때 위장이나 소장, 대장 등을 X선으로 촬영해보면 격렬한 활동때문에 비정상적인 모습으로 변한 것을 알 수 있다. 정신적인 스트레스때문에 생기는 것으로 알려지고 있는 이들 질병은 사실상 정동의 컨트롤이 얼마나 중요한가를 나타내는 것이다.

다음에 본능 중의 한가지인 집단욕(식욕과 성욕은 누구나 쉽게 알 수 있으므로)에 대하여 설명해 보자. 심리학자가 자주 하는 실험에는 다음과 같이 쥐를 이용해 한패 집단에의 관심을 조사하는 것이 있다. 24시간 동안 먹이를 중단하여 배고픈 쥐에

〈표7〉 쥐들도 동료에 대해 신경을 쓴다

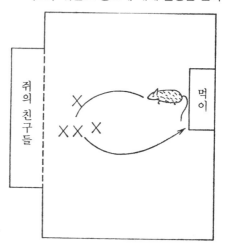

게 먹이를 주는 실험인데,  위의 표 7과 같은 실험 설비를 만든
다. 배고픈 쥐는 우선 먹이를 먹지만, 조금 먹은 후에는 '한패'
쪽에 접근하여 X위치까지 가서 한무리 쪽을 쳐다본다. 그리고
또 먹이가 있는 곳으로 되돌아가 먹이를 먹는다.

생각해 보면 이 한패에의 관심은 모여서 떼를 지으려는 본능적
인 욕구를 조물주가 주었기 때문이라 할 것이다. 왜냐하면, 종족
보존=자손을 만들고 외적(外敵)으로 부터 자기를 지키기 위하
여도 동족간 집단을 만드는 것이 당연하기 때문이다.

집단욕이 본능이라는 것, 환언하면 인간이란 고독이나 고립에
견딜 수 없다는 것이 여러가지로 증명되고 있는 것이다. 일본뿐
아니라 카나다에서도 보고되고 있는데, 어느 대학에서는 다음과
같은 실험이 실시되었다.

아무일도 할 것이 없다. 자는 것과 먹는 것도 자유다. 하루의

일당도 충분히 준다. 1주일 계속하면 특별 상여금도 준다는 조건 하에서 침대와 변소만 있는 방에 피실험자가 입실했다.

태만한 인간에게는 천국과 같다. 아무일도 할 것 없이 잠만 자면 되고 배고프면 음식물은 얼마든지 준비되어 있다. 그러나 2일째까지는 견딜 수 있었으나 3일째는 안절부절, 독백, 노래, 체조 등을 하지 않으면 견딜 수 없게 된다. 5일째는 환각(幻覺)이 생기고 컨디션이 이상해져 누구나 1주일을 견딜 수 없게 되었다.

약간 비약되는 이야기지만, 장수하는 사람은 결혼 후 자녀가 많은 여성에게 압도적으로 많으며, 또 스킨(피부) 찜질이 결핍된 어린이는 병으로 아플 때가 많고 정상적인 발육이 힘든 것도 집단욕에 그 원인이 있는 듯 하다. 집단욕이 충족되지 못하면 인간은 정신상태뿐만 아니라 몸에도 이상이 나타나는 것을 알 수 있는데, 여기에서 본능의 컨트롤이 중요하다는 것을 충분히 이해할 수 있다.

## 3) 지능의 구조는 어렸을 때 결정된다

인간과 다른 동물과의 기본적인 차이에는 태어났을 때의 뇌상태에 있다. 다른 동물의 뇌는 침팬지같은 고등동물에서도 거의 완성되어 태어나지만 인간은 아주 미숙한 상태에서 태어난다.

스위스의 동물학자, 아톨프 포르트만은 '만일 인간이 태어났을 때 침팬지와 똑같이 행동하려면 어머니의 배안에 또 11개월간 들어가야 된다. 즉 임신 21개월만에 태어나지 않고는 불가능하다'라고 말하고 있다.

쉽게 말하면, 인간의 특징인 '새로운 피질'은 완전히 미개발 상태에서 태어난다. 태어났을 때 인간의 지능은 제로라고 하는 이유가 여기에 있다. 그리고 이것과 관계없이 인간의 뇌발달은 충실하게 약속되어 있다.

우리 뇌의 '새로운 피질'은 탄생 후부터 급속도로 충실해진 다. 그것은 우선 두정(頭頂), 후두연합야(後頭連合野)에 있는 지능의 자리＝정보를 받아들이는 구조부터 충실하기 시작하여 전두연합야의 지혜의 자리＝정보의 종합(사고방식), 조립(창 조), 의지결정(의도) 등은 2세 이후부터 서서히 충실하기 시작한 다.

표 3에서 나타나듯이, 이 두정 후두연합야의 작용은 자각, 이해, 인식 등 인간이 보람있게 살기위해 기본적인 것이다. 그리 고 이들은 유아기에 대부분 완성된다는 것을 알 수 있다.

태어났을 때, 아기의 두뇌 무게는 약 400g, 이것이 시간이 지남에 따라 점차 커지며 어른 남성은 약 1,400g, 여성은 1,25 0g이 된다. 이와같이 뇌가 커지면서 무거워지는 것은 뇌안의 신경세포 때문이다. 그러나 신경세포는 영구세포, 비분열 세포, 매증식 세포이므로 수량이 증가되는 것도 아니다. 또 하나 하나 세포의 부피가 증가되는 것도 아니다.

이들 신경세포는 몸의 다른 세포와는 달리 많은 돌기(突起) 가 나와있고 주위의 신경세포와 얽혀져 존재한다. 이 얽혀진 상태에 따라 비로서 뇌가 여러가지 기능을 발휘하는데, 뇌가 발달하여 충실해지고 커진다는 것은 이 돌기가 점차 성장되어 조화롭게 주위의 세포와 얽혀진다는 뜻이고 그 때문에 뇌가 무거 워지는 것이다.

이와같은 발달은 '새로운 피질' 안에서 진행되는데 이 '새로운 피질'을 2가지 부분으로 나누어 생각하면 쉽게 이해할 수 있다. 그것은 표 3에서 설명한 입력되는 부위(지능의 자리)와 출력 되는 부위(지혜의 자리)인데, 지능의 자리가 먼저 충실하기 시작하여 2~3세 까지에는 중요한 것이 완성되고, 10세 정도에서 대부분 완성된다.

한편, 지혜의 자리는 2~3세 경부터 서서히 얽혀지는 상관관계가 시작되고 4~7세 정도와 10세 정도의 중요한 3단계를 거쳐 20 전후하여 대부분 완성되는 것으로 알려져 있다. 이것을 정리하여 설명하면, 신경 세포 전체가 얽혀지는 연결은 전두엽을 제외하고는 20세 전후에서 끝나며, 그 이후부터는 하루에 10만개에서 20만개의 비율로 신경세포가 사멸된다는 것이다.

무엇을 망각한다는 것은 이와같이 기능하고 있던 신경세포가 사멸하는 결과에서 나타나는 현상이라고 볼 수 있는데, 지혜의 자리만은 죽을때까지 쇠퇴하지 않는 것 같다. 인간은 3세경이 되면 그때까지의 모방적 활동에서 탈피하여 스스로 생각하고 새로운 것을 만들며 하려는 의욕이 싹트게 된다. 지혜의 자리에 있는 신경세포와 다른 신경이 연결되기 시작하였기 때문이다.

이것이 4~7세의 취학기가 되면 경쟁심이나 배운 것을 받아들이려는 기분을 갖게 된다. 시간적인 관념도 갖게 되며 약속도 지키게 된다. 여기에서 10세쯤 되면 지혜에서 만들어지는 정신이라는 즐거움과 슬픔, 질투나 시기 등의 정조적(情操的)인 마음이 분명히 나타나게 된다.

그리고 이 지혜의 자리만은 죽을때까지 쓰면 쓸수록 발달하는 것 같고, 내가 인간성을 존중하는 것은 '두뇌를 훌륭하게 활용하는 것'이고 삶의 보람도 또한 '머리의 슬기로운 활용'에 있다는 것[〈표 4〉 참조]도 이러한 이유 때문이다.

지능에 대해 설명하려던 예정이 지혜로 바뀠는데, 본론에 들어가자. 1920년 10월, 인도의 칼캇타 서남방 100㎞ 지점의 코다무리라는 곳에서 이리가 키우고 있었던 두 소녀가 구출되었다. 여기에 전도하러 갔던 씽크라는 목사 부부가 구출하여 보호하고 있었는데, 나이는 2세와 8세쯤 되었다. 아마라라는 이름의 작은 아이는 얼마후 죽었으나, 8세의 가마라는 그 후 9년간 살았는데, 목사 부부의 온갖 노력에도 불구하고 가마라는 45개의 단어만 쓸 수 있을 뿐이고 급할 때는 손을 땅에 대고 동물처럼 달려 갔다.

그리고 날것을 먹는 이리와 같은 식사 습관은 평생 고쳐지지 않았다. 육체는 인간이었으나 마음과 행동은 어렸을 때 지능의 자리에 박혀진 이리같은 배선도(配線圖)가 좀처럼 없어지지 않았다는 것이다.

19세기 말, 프랑스의 아베롱 산림속에서 발견된 10살 정도의 남자 아이를 비롯하여 어렸을 때 동물에 의해 성장된 야생아는 세계적으로 몇가지 예(例)가 보고되고 있으나 모두가 가마라와 마찬가지로 어렸을 때의 동물적인 습성을 해소시키지 못했다.

지능의 자리는 이와같이 태어난 직후부터 활동을 시작하여 2~3세 사이에 중요한 핵심이 완성된다. 이때 신경 세포는 주변에서 알려준 배선도에 따라 얽혀지면서 연결을 계속한다. 이때가 모방의 시기이고 스승은 아기를 둘러싸고 있는 주변의 환경이다.

아기는 주변 환경의 모습을 그대로 받아드리면서 이것을 기본으로 하여 신경세포를 연결시켜 나간다고 할 수 있다. 이렇게 생각할 때, 아기의 엄마나 보육자들은 아기에게 훌륭한 인간으로서의 모범적인 태도를 보여주는 것이 바람직하고, TV도 내용을 충분히 음미한 다음에 교육적으로 도움이 되는 것만을 선택해 보여주어야 된다.

지능의 자리는 컴퓨터로 볼 때, 인풋(입력 : 入力)의 기능을 행하는 곳이고 하드웨어의 자리이기도 하다. 좋은 가정 환경이나 학교교육에서 훌륭한 하드웨어로써의 두뇌를 갖지 않으면 안된다. 그러기 위하여는 유아기가 가장 중요할 것이다.

한편으로, 두뇌를 어떻게 잘 활용하는가 하는 것은 복잡하게 얽혀져 있는 하드웨어를 어떻게 이용하는가에 좌우되며, 이것이 소프트웨어의 분야인 것이다. 그 결과에 따라 좋은 해답이 아웃풋(출력)된다. 20세가 지난 뒤에도 평생동안 단련되어야 할 지혜의 자리는 이 소프트웨어의 활용을 위한 훈련의 자리라고 할 것이다. 그것은 단련되면 될수록 더욱 훌륭하게 성공할 뿐만 아니라 정확한 해답을 출력하기 때문이다.

# 제12장 인간 출생의 중대한 의미

### 두뇌를 잘 활용하고 좋은 인상(人相)을 갖자—

## 1. 운명은 변하는 것인가?
——이토가와(糸川)씨의 도전, '세밀점성술'——

현재 일본에서 대표적 재주꾼의 하나라고 할 수 있는 이토가와 (糸川英夫)씨가 금년에 재미있는 책을 발간했다. 이것이 〈주부와 생활사〉에서 발행한 《이토가와의 세밀점성술(細密占星術)》로 5월 10일 발행하지만 나는 4월 27일에 입수했다.

나는 그를 잘 알고 있다. 몇년 전 부터 1년에 2~3회는 세미나 회장에 나와 같이 강사로서 나가기도 하는데 가끔 영향받은 바가 있었다. 어쨌던 《역전(逆轉)의 발상(發想)》을 비롯하여 인기있 는 화제의 주인공이고 훌륭한 재인(才人)임에 틀림없다.

그는 이 저서 머리말에서 '나는 무엇때문에 점성술을 하는가' 를 설명하고 있다. 그 요점은 다음과 같다.

"나는 한사람의 인간으로서 인생의 운명에 대하여 남과 다름 없는 흥미와 관심을 가지고 있다. 점술 등 여러가지 중에서도 내가 가장 관심을 지니고 있는 것이 '점성술(占星術)'이다. 그 이유는 세계에서 뿌리깊은 인기와 신뢰를 얻고 있다는 것과 다른 점술과는 분명히 다른 과학적 근거가 있기 때문이다.

사람의 운명이 환경에 좌우된다는 것은 말할 것도 없다. 이와 같은 인간과 둘러싸인 환경 속에서 '우주'는 기본적인 근거지이다. 우리들에게 가장 친근한 우주 천체는 태양과 해와 달이다. 그러나 태양의 운명은 우주 전체의 운명 중에서 하나라는 것을 생각할 때, 우주 전체와 우리들과의 운명 사이에 어느 상호관계가 있다고 가정할 수 있다.

천체(天體)의 배열과 인간의 운명을 연결시킨다는 발상이 여기에서 생겨난다. 사실은 그 비밀을 탐구한 것이 점성술의 역사, 방법, 실태…… 즉, 이 책의 내용인 것이다. 나는 점성술을 배울 때, 과학적 뒷받침과 역사적인 샘플(Sample)의 두가지 방법에서 접근하였다.

점성술은 마약처럼 심신을 좀먹으면서 타락시키는 일이 없다. 건강한 놀이가 된다. 인생을 즐겁게 하는 방법으로 받아들여 마음의 식량으로 삼으면 그만이다."라고 우선 쓰고 있다.

또 제1장은 '당신의 운명은 대우주에 지배되고 있다'라는 제목으로 '점성술을 믿고 과학적이라고 하는 이유'에 대하여 다음과 같이 설명하고 있다.

'그것은 혹성(惑星)의 운행과 인간의 운명 관계를 명백히 하고 거기에서 인생의 행로를 정확하게 예측 및 판단하려는 과학인 것이다. 과학 만능이라고 하는 현대 사회인데도 왜 구미 각국에서 화제가 되고 인기를 얻는 것일까? 이제까지 신비하다거나 수수께끼였던 현상을 현대과학이 점차 해명하면 할수록 우주와 생물의 관계가 매우 밀접하다는 것이 증명된다. 그래서 과연 점성술에서 주장한 것이 정확했다고 하여 팬이 점차 증가된다.

이를테면 생물시계(生物時計)라는 것, 그리고 살인사건의 최고 발생 시기는 만월(滿月)의 밤이라는 것 등. 또 과학이 우주의 신비와 수수께끼를 해명함에 따라 그것이 어떻게 지구의 자연이나 생물, 우리들 인간을 크게 지배하는가가 확실해진다. 이같은 것을 뒷받침하고 있으므로 점성술은 행운을 만드는 방법이다. 불운한 것도 운명은 운명이니까 따를 수 밖에 없는가, 대답은 'Yes'나 'No' 밖에 없다. 나는 'No'라고 대답한다.

불행을 행운으로 바꾸려면 그만큼의 의지와 노력이 필요하게 된다. 그러나 된다, 그리고 거기에 인간으로서의 가치가 나온다'라고 그는 말하고 있다.

운명에 관한 사고방식, 인간은 운명을 의지나 노력에 의해 변경할 수 있고 그것이 인간의 인간다운 태도라는 사고방식에 대하여 나도 이토가와(糸川)씨 의견에 찬성한다.

어쨌든 이토가와(糸川)씨의 이같은 사고방식을 알고 여기에 전폭적으로 동감하면서 용기를 갖게 된 것은 사실이다.

나 자신의 호로스콤[Horoscope : 천궁도(天宮圖)]은 아직 만들지 못했지만 본서를 탈고하면 이토가와(糸川)식으로 만들어 볼려고 한다.

## 2. 충격의 책 – '전생을 기억하는 20명의 아이들'

### 1) "The World Within"으로 대충격

젊었을 때, 나는 운명이나 숙명은 물론이고 전생윤회(轉生輪廻) 등의 현상에 대하여는 망상의 하나로 생각하였다. 그러나 심리학을 연구하는 동안에 4차원 과학이라고 일컬어지고 있는 테레파시나 염력(念力) 등에도 관심을 갖게 되었다. 그리고, 여기에 대한 구미의 과학자나 의학자들 문헌을 읽는 동안에 운명, 숙명 등에 관심이 증대되었다. 이때는 30대가 끝날 무렵인데 창업으로 회사 사장이 되고 인생문제나 인생목적에 대하여 여러가지 번민이 있을 때이기도 했다.

마침 뇌생리학의 연구를 시작할 무렵, 10여년 전부터 나는 뇌생리학과 병행하여 소위 초심리학이라는 분야에도 관심을 갖게 되었다. 여러가지 저서나 논문을 읽은 중에서 가장 나를 자극한 것은 심리학자이고 철학박사인 지나 서미나라 여사의 'The wold within'이라는 저서였다. 이것을 번역하면《안에 있는 세계》가 되겠는데, 작년에《초능력의 비밀》이란 제목으로 번역 출간되었다.

이 책은 전생(轉生)의 실례를 과학적으로 해명하려고 시도한 것으로 나에게 있어서는 전혀 미지의 세계를 가르쳐 주었다.

나는 우선 이 책에서 '브라이티 마피'에 관한 이야기를 알게 되었다.

코로라도주(州)의 프에브로시(市)에 모레이 번스타인이라는 사업가가 있었는데, 그는 취미로 오랫동안 최면술을 연구하고 있었다. 매우 재능이 좋은 편이어서 이웃의 의사와 협동하여 말더듬이나 편두통, 불면증이나 히스테리성 마비와 같은 증상도 고쳤다. 그런데, 번스타인은 1950년, 20세기 최고의 예언자이며 기적의 사람으로 인정받고 있는 에드거 · 케이시가 최면술에 의해 병을 치료할 뿐만 아니라 전생에 대한 문제도 취급하는 것을 알게 되었다. 처음에는 반신반의로 버지니아 비치에 있는 케이시의 본부를 방문했으나, 케이시에 관한 여러가지 기록을 조사하고 케이시의 덕택으로 완치된 많은 사람들을 만나본 뒤

180도로 평가를 다시 하게 되었다.

그 후 번스타인은 프에브로시로 돌아가 심리학자라면 누구나 알고 있는 연령역행(年齡逆行·Age regression)의 실험에 착수했다.

1950년의 가을 어느날, 그는 루스 시몬즈라는 고민많은 중년부인의 히스테리를 치료하기 위하여 '에이지 레그렛션'을 실시했다. 이것은 그녀를 최면상태에서 점차로 나이를 역행시키는 것이다. 어렸을 때, 부모로부터 귀여움을 독차지했던 즐거운 기억을 되살려 히스테리를 치료하는 요법으로 잘 알려져 있다.

그런데, 무엇이 잘못됐는지 모친의 풍부한 유방 냄새를 맡고 있던 미세스 루스 시몬즈가 갑자기 괴로운 표정으로 변하면서 발버둥 치는 것처럼 움직였다. 그리고 절박한 목소리로 외쳤다.

"어둡다, 괴로워…… 숨막힌다. 너무나 좁다, 빨리 나가자, 빨리 여기에서……"

번스타인은 놀랬다. 이런 경험은 처음이었는데, 그는 즉시 최면심리학의 지식으로 모친의 태아에서 탄생될 때의 기억일 것이라고 짐작했다.

케이시의 사무실에서 연구한 직후였으므로 그는 이때 모든 기술을 동원하여 다음과 같이 유도했다.

"루스, 괴로울 것 없어요, 당신은 더 앞으로 가보세요, 훨씬 더 앞으로. 더 앞의 시대로…… 그렇지…… 그렇지… 자 이제 당신은 지금 어느 시대에 있어요? 루스."

그녀는 몸부림치며 괴로워하다가 장기간 신음하고 있었다. 그러다가 돌연 그녀는 확실하게 대답했다. 그녀는 이제까지와 다른 감미롭고 섹시한 목소리로 성급하게 다음과 같이 말했다.

"누구? 누구세요? 나보고 루스라고 부르는 분이? 농담하지 마세요. 나는 루스가 아니예요, 나는 브레이디, 브레이디 마피예요"라고.

결론을 말하면 이렇다. 그녀는 현대어가 아닌 사투리를 쓰는 것으로 보아 19세기에 생활한 것으로 생각된다. 그녀는 브레이디 마피의 생활과 어딘가는 불확실하지만, 옛날 돌담이 연결되어 있는 고풍스런 거리 그리고 거리 입구에 서있던 '요크'라고 씌어진 표식(標識)이 있었던 곳, 거리를 달리고 있던 쌍두마차에 대해 이야기했고 훌륭하고 고풍(古風)스런 사투리가 계속 튀어나오는 것이었다.

그녀가 제 정신으로 돌아왔을 때, 최면중에 했던 말을 물었으나 루스는 브레이디에 대하여 기억이 없었다고 한다. ……어쨌든 그후에 일어난 일을 요약하여 설명하자. 번스타인은 전생(轉生)의 가능성을 케이시 본부에서 배운바가 있으므로 루스가 최면중에 말한바 그 진실성을 그의 입장에서 가능한 한 노력하여 여러 가지 상황을 추구한 것이다.

그리고 아일랜드에 요크라는 거리가 있었고 그 거리에는 옛날 돌담이 연결되어 있었으며, 20여년 전까지도 마차가 달렸다는 것이 확인되었다. 그리고 100년쯤 전에는 그 거리에 마필이라는 잡화상이 있었고 거기에 브라이렛드라고 하는 미인이면서도 고집스런 부인이 있었다는 것, 그녀는 어느날 자기 집 계단을 잘못 딛고 떨어져 사망했으나, 교외에 그의 묘소가 있다는 것까지 확인되었다.

루스가 최면상태에서 사용한 몇가지 단어 중에서 불확실한 것의 의미나 사투리의 수수께끼도 1세기 전의 아일랜드로 장소를 옮김으로써 대부분 해명되었다.

번스타인은 미국에 돌아가 이 사실을 매스컴 관계자에게 말한 것이 인연이 되어 얼마 후 이것이 책으로 발간되었다. 이 책의 제목은 "THE SEARCH FOR BRIDEY MURPHY"이고 일본에서

160

는 《제2의 기억》으로 번역 간행되었다.

이 책은 일본에서 발간 후 5개월만에 10판을 거듭하여 20만부 이상 팔렸는데, 50년대에 미국에서 선풍적인 관심을 불러 일으켰다.

학자에서 일반 시민에 이르기까지 격렬한 토론이 벌어졌고, 아일랜드의 현지 탐색을 비롯하여 '에이지 리그렛션(연령 역행)'의 실험대 위에서 스스로 자기가 체험하려는 시민들이 모여들었다.

이 중에서 유명한 것을 한두가지 소개한다. 브레이드 마피의 이야기에 가장 의문점을 가졌던 로스엔젤스 밀러뉴스의 죤 크로바 기자는 14세기에 독일의 항구 도시 함브르크에서 구두방을 하고 있었고 최면중 알지도 못하는 독일어를 사용했다. 최면 상태에서 녹음된 독일어 테이프를 듣고 그는 완전히 경악했다.

그리고 인디아나주의 노버트 윌리엄 부인은 그의 전생이 1860년대 남북전쟁 때, 남군의 병사였고 낫슈빌에서 전사했다는 것. 탄생일은 1841년 3월 4일이고 이름은 잔 토날손. 군대에 입대하기 전에는 루이지에나주의 슈리브포트에서 가족과 농장에서 일했다는 것을 최면중에 말한 것이었다.

그녀의 이야기에 대하여는 즉시 확인하기 위해 조사했는데, 그녀가 말한 것은 그녀의 전생이 남성이었다는 것을 포함하여 전부 사실이라고 밖에 말할 수 없다는 조사결과가 나온 것이다.

어쨌든 "THE WORLD WITHIN"이란 책에는 이와같이 나를 경악케하는 이야기가 계속 소개되고 있었다. 이 책의 기사에서 나는 저자인 지나 서미나라(GINA CERMINARA)가 "MANY MANSIONS"라고 하는 책을 저술했다는 것. 또 에드거 케이시(EDGER CAYCE, 1877~1945년)라고 하는 신비적 예언자가 미국에 있었다는 것. 더구나 그가 훌륭한 업적을 남겼다는 것.
그 중에 '라이프 리딩'이라고 부르고 있는 것이 있고 여러 사람들
의 과거세(전생)가 현세의 숙명이나 운명에 영향을 끼친다는
것을 알게 되었다.

나는 이 분야에 대한 접근이 흥미에서 취미로 변경되었다.
그리고 바쁜 사업때문에 여기에 연구할 시간을 할애할 수 없었으
나 지난 10년 사이에 100권 정도는 독파 하였으므로 어느 정도는
알고 있다고 할 수 있겠다.

독자 중에서 흥미가 있다면 다음과 같은 번역서가 참고가 될
것이다.

●《전생(轉生)의 비밀》지나 서비나라 저, 원제 'MANY
MANSIONS'

●《기적(奇蹟)의 사람》죠셉 미라트 저, 원제 'EDGAR
CAYCE, MYSTERY MAN OF MIRACLES.

●《초인(超人) 케이시의 비밀》제스 스턴 저, 원제 EDGAR
CAYCE : SLEEPING PROPHET"

그리고 최근에《노스트라담스의 대예언》이란 책으로 유명한
르포라이터 고지마(五島勉)씨가 쓴《카르마의 법칙》이 발간되었
는데 참고가 될 것이다. 그의 결론을 믿거나 말거나 간에 매우
재미가 있고 이해하기 쉽다. 참고하기 바란다.

## 2) 지식이 많을수록 운명에 흥미가 있다?

나는 케이시로 부터 시작하여 에마뉴엘 스웨덴버그(스웨덴의
귀족·물리·천문·생리·경제학자 그리고 18세기 최대의 예언자
및 영매자로도 유명, 1668~1772년)나 노스트라담스 그리고 예수

나 붓타에 이르기까지 흥미의 대상을 넓혀갔다.

그래서 전생(轉生)이나 전생(前生)에 대하여는 부정하지 않게
되었으나 아무리해도 미심쩍은 바가 있고 사후의 세계에 대하여
는 지나치게 생각하려고 하지 않았다. 그러나 구미 각국을 방문
하고 여러 많은 학자나 지식인을 만나보면, 인간의 운명과 숙
명, 사후 세계에 대하여 관심있는 사람이 너무나 많고 일본에서
도 마찬가지란 사실을 알게 되었다. 많은 경제학자들이 케이시나
스웨덴보오그에 대해 알고 있었고, 대기업의 사장도 《틈으로
엿본 사후의 세계》(미국의 철학자이고 의학자인 레이몬드 무티
저, 원제는 'LIFE AFTER LIFE" 역자 : 中山善行) 등과 같은
책을 애독하고 있는 것이다.

### 3) 사후의 세계나 내생(來生)은 실존하는 듯

이러한 때에 아마도 결정적이라고 할 수 있는 책이 번역되어
발간되었다. 나는 작년 4월, 니이가타(新潟)시의 경제 강연에
참석한 뒤, 시간이 있어 서점에 들렀을 때, 다음과 같은 책을
발견했다.

《전생을 기억하는 20명의 아이》라는 제목의 상, 중, 하 3권인
데, 이마무라(今村志一)씨의 번역이고, 원저는 이안 스티븐슨
편, 미국 버지니어대학 출판국 발행이다.

이 책에 대하여 《오칼트》의 저자로서 유명한 소설가 콜린 윌슨
씨는 '인간이 전생(轉生)한다는 것은 믿기 어렵지만, 이 정도의
증거가 확보되었다면 그것을 믿지 않을 수가 없다'라고 평했는
데, 이 책의 내용은 다음과 같다.

버지니어 대학의 사회심리학자인 이안 스티븐슨 박사와 그의
팀은 1954년부터 20년간 인도와 알라스카 등을 중심으로 전생

(轉生)에 관한 소문이 있는 모든 곳을 방문하고 2천명 정도를 조사했다. 그들의 발표에 의하면 '그 대부분은 믿을 수 없는 케이스다'라는 것이고, 모든 과학적인 방법을 동원하더라도 사기가 아닌, 환각도 아니라고 생각할 수 밖에 없는 실례가 20예 정도 확인되었다. 그래서 조사를 계속해 기록한 것이 본서이고 전생(轉生)을 역사상 처음으로 과학적으로 증명한 놀랄만한 기록이라고 할 수 있다.

이와같은 경과를 거쳐 나도 전생을 긍정하기 시작했다. 이런 생각을 가지고 케이시에 관한 서적을 읽어보면 생명의 불가사의나 탄생된 목적 등이 확실히 떠오르게 된다.

그러던 중에 작년 여름 앞에서 말한 고지마(五島勉)씨가 저술한 《카르마의 법칙》이 출판된 것이다.

'생명 전생의 비밀, 당신의 사후는 어떻게 되는가'라는 서브타이틀이 붙은 이 책은 금기시(禁忌視)되어 온 '죽음'과 '사후'에 대하여 박력있게 설명하고 있다. 그 중에서도 51p~56p의 내용이 나에게는 큰 감명을 주었다.

거기에는 '사후는 실존한다'라는 제목하에 미국에서 최고의 의학자로 알려지고 있는(시카고 대학의 전 정신과 교수로 유명한) 규프러 로스여사의 증언이 실려 있다. 이 로스여사의 저서로 우리에게 잘 알려진 책은 요미우리(讀賣) 신문사에서 번역 출판한 《죽는 순간》과 《죽는 순간의 대화》인데, 세계적인 정신의학계의 권위자가 분명하게 사후 세계의 실존을 증언하고 있는 것이다.

《카르마의 법칙》(정가 630엔)은 처음 이책을 읽는 사람에게 많은 의문점을 남길 것이다. 그러나 나처럼 전문가는 아니지만 10년 정도 이 문제에 대하여 흥미를 가지고 추구해온 사람에게는 고지마(五島)씨의 의도가 매우 쉽게 이해된다. 그의 자료수집은 광범위하고 내용의 구성도 훌륭하다. 다만 결론을 너무 빨리 서둘렀다는 점이 아쉽다.

어쨌던 우리들 인간의 몸은 하나의 개체로서 반드시 죽는다. 그러나 태어나서 하나의 인간으로서 삶을 지속한다는 것은 큰 의미를 갖고 있는 것 같다. 조물주나 우주에서 볼 때, 그것은 하나의 자연이고 어떤 목적하에서 모든 것이 태어나고 살며 죽는 것이다. 그리고 거기에 태어나기 전부터 존재하고 죽은 뒤에도 존재를 계속하는 무엇이 있다는 것은 틀림없을 것이다.

죽음은 모든 것의 종말이 아니며, 사후의 세계가 있다고 생각하는 순간부터 인간의 인생관은 크게 변하는 것으로 알려지고 있다. 앙드레 말로는 아니지만 인생관=철학이 변하면 모든 것이 변한다……고 말해도 과언이 아니다.

나에게 쇼크를 주었고 인생관을 변하게 만든《전생을 기억하는 20명의 아이들》에 대하여도 고지마(五島)씨는《카르마의 법칙》의 128p~138p에서 '버지니어 대학팀, 집념의 추구' '이 조사를 의심할 수 있는가'라는 제목으로, 대표적 실례를 요약설명하고 있다.

독자들에게도 권고하고 싶다.


## 3. 현세는 노력과 시험의 장소다

지구상의 동물은 진화되어 왔다. 우연히도 현재 상태에 있어서 인간은 그 정점(頂点)에 있다. 인간의 뇌에는 진화의 전단계 (前段階)인 모든 동물의 뇌가 함유되어 있다.……고 하는 것과 같은 진화의 프로세스. 그리고 인간성이라고 하는 대뇌 신피질의 전두연합야의 작용에서 알 수 있는 인간의 특성. 또 전생(轉生) 도 있는 것 같고, 진짜로 생명은 영원할 것 같다는 확신. 더구나 우주나 조물주는 모든 사물을 그들의 목적하에 운영하는 것 같다 는 실감. 이런 것을 종합적으로 생각하여 보면 무엇때문에 이 세상에 태어났는가를 이해할 것 같다.

이것을 골똘하게 생각하면 결국 종교와 연관되겠지만, 나는 나 나름대로 한가지 생명의 의미를 확신하고 있다. 앞으로 보다 새로운 연구 성과나 정보가 개발되면 이것을 첨부한다는 전제하 에서 나는 다음과 같은 사고방식을 지니고 있다.

어쨌든 태어난 이상, 인간에게 주어진 능력을 최대한 활용하도 록 노력하자. 그것은 죽을때까지 전두연합야를 가능한 한 활용하 는 것이다.

또 다른 사람들도 똑같이 살아갈 수 있도록 가급적 응원하자. 그것이 집단욕의 충족도 될 수 있고 사람의 보람도 된다. 전두연 합야를 활용하도록 노력하는 것은 자기 머리를 좋게 만들뿐만 아니라, 타인을 돕는다는 것은 자기를 바꾸면 인상(人相)을 좋게 갖는 것이 된다"는 것이다.

여기에서 인상(人相)에 대하여 잠깐 생각해보자. 도키미(時 實) 선생에 의하면 '낡은 피질'의 작용에 의한 얼굴의 동작은 좌우 대칭(對稱)이고 천진난만하다. 아기의 우는 얼굴, 웃는 얼굴이 여기에 해당된다. 그런데 신피질의 작용에 의한 것은 의지(意志)가 들어간 만큼 좌우 불대칭(不對稱)이 되어 얼굴이 일그러질 때가 많다는 것이다.

마음으로부터 남을 동정하면 인상이 좋아진다는 것은 집단욕이라는 '낡은 피질'의 작용을 만족시키는 것이 되기 때문일 것이다.

인간이 40세가 지나면 자기 얼굴에 대하여 책임을 갖으라고 말한다. 현재 인기 집중의 인상판단가(人相判斷家)인 사카다(坂田篤威)씨는《인상판단(人相判斷)》이란 책에서 개운(開運)을 위해서는 좋은 인상을 가질 필요가 있다고 주장하고, 그러기 위하여는 '남북상법(南北相法) 개운의 최고'라고 일컬어지고 있는 다음의 10가지 항목을 지키는 것이 바람직하다는 것이다.

① 스스로를 컨트롤하고 폭음폭식(暴飮暴食)을 하지 말며, 반드시 식사는 80% 정도에서 중단한다.

② 자기 나름의 생활 사이클에 알맞는 규칙적인 생활태도를 설계하고 기상, 취침, 식사 시간을 지킨다.

③ 식사는 식물성 식품을 중심으로 하고 동물성, 지방성인 것을 피하며 기호품과 자극적인 것은 가급적 피한다.

④ 몸을 항상 깨끗이 하고, 남과의 균형을 찾아 아름다운 옷이나 미식(美食)을 삼가한다.

⑤ 가옥도 남과의 균형에 알맞게 사치스러우면 안된다.

⑥ 조상을 숭모하고 성묘는 빠지지 않는다.

⑦ 침착한 생활태도를 유지하고 천천히 그리고 여유있는 대화를 갖도록 조심한다.

⑧ 항상 입은 다물고, 하복부에 힘을 넣어 생활한다.

⑨ 아무리 역경에 처해도 명랑한 기분과 자신감을 갖는다.

⑩ 성실하고 따뜻한 기분으로 대인관계를 갖도록 한다.

이 10개 항목을 보면 이미 설명한 표 4 의 '보람 있는 삶을 충족시키기 위한 사고방식'과 대부분 합치된다. 어쨌든 인상(人相)은 '삶의 모습'이 결정하는 것이라고 볼 수 있다.

　여기에서 본론에 들어간다면, 두뇌를 잘 활용하고 좋은 인상을 갖도록 노력하는 것에 '게을리 하지 않는다'고 할 때, 인생＝현세는 부지런해야 된다고 할 수 있다.

　그 근면 노력의 결과가 조물주에 의해 테스트되고 사후나 내생이 결정되는 것이 아닐까…… 이렇게 생각하는 것이 가장 편안하다. '양심에 가책 받는 일도 없었고 다른 사람을 위해 이 세상을 위해 힘썼고 평생 노력했으며 좋았다'……고 생각하면서 죽기 위하여 우리들의 인생이 있는 것 같다. 그러니까 그러기 위하여 부지런히 노력하자……는 것이 지금 나의 인생관이다.

　'현세는 전세에서의 인연이고 미래를 위한 근면, 시련의 장소다'라고 하는 각종 종교의 가르침은《카르마의 법칙》과 관계없이 우리들 인간으로서는 긍정하는 편이 편할 것이다. 그리고 두뇌를 잘 활용하고 좋은 인상을 갖도록 하기 위해 전력투구 하자. 전력을 바치자.

저자약력────────────────

- 1933년 오오사카에서 출생. 교토대학 졸업.
- 일본 산업심리연구소 연구원. 일본 매니지먼트협회·경영 컨설턴트. 경영지도부장 이사 등을 거쳐 1970년 (주) 일본 마아케팅센터 설립.
- 현재 후나이그룹(후나이총합연구소) 총수
- 경영 컨설턴트로서는 세계적으로 제1인자. 고문으로 있는 기업체만도 유통업의 과반이 넘는 대기업체를 중심으로 약 1,300사. 지난 10년간 후나이의 지도로 매상이 90배 이상, 이익이 180배 이상 성장한 기업은 100개사 중 60개사로서 그 중 도산된 회사는 하나도 없음.
- 주요저서 〈성공의 노하우〉〈인간시대의 경영법〉〈성공을 위한 인간학〉〈21세기 경영법칙 101〉〈패션화시대의 경영〉〈매상고 향상 비법〉〈베이식 경영법〉〈신유통 혁명〉〈유통업계의 미래〉등 다수.

개정판 2021년 9월 30일

발행처 서음미디어(출판사)

등록 2009. 3. 15 No 7-0851

서울特別市 東大門區 新設洞 114의 7

Tel 2253-5292

Fax 2253-5295

企 劃

李 光 熙

發行人

李 光 熙

著 者

船井幸雄

編 譯

最高經營者研究院

Printed in korea

정가 15,000원